AF275230

COLEX

Disfrute gratuitamente **DURANTE UN AÑO** de los eBook y audiolibros de las obras de Editorial Colex*

⊗ Acceda a la página web de la editorial **www.colex.es**

⊗ Identifíquese con su usuario y contraseña. En caso de no disponer de una cuenta regístrese.

⊗ Acceda en el menú de usuario a la pestaña «Mis códigos» e introduzca el que aparece a continuación:

RASCAR PARA VISUALIZAR EL CÓDIGO

⊗ Una vez se valide el código, aparecerá una ventana de confirmación y su eBook y/o audiolibro estará disponible **durante 1 año desde su activación** en la pestaña «Mis libros» en el menú de usuario.

---

* Los audiolibros están disponibles en las ediciones más recientes de nuestras obras. Se excluyen expresamente las colecciones «Códigos comentados», «Biblioteca digital» y los productos de www.vademecumlegal.es.

No se admitirá la devolución si el código promocional ha sido manipulado y/o utilizado.

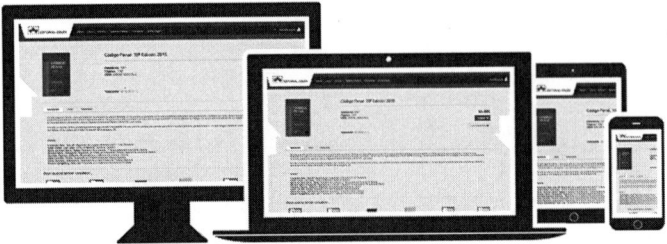

¡Gracias por confiar en nosotros!

La obra que acaba de adquirir incluye de forma gratuita la versión electrónica. Acceda a nuestra página web para aprovechar todas las funcionalidades de las que dispone en nuestro lector.

Funcionalidades eBook

Acceso desde cualquier dispositivo con conexión a internet

Idéntica visualización a la edición de papel

Navegación intuitiva

Tamaño del texto adaptable

Síguenos en: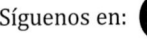

NOVEDADES EN EL PROCESO ORDINARIO LABORAL POR LO 1/2025

Conozca al detalle las novedades el proceso social ordinario tras la Ley Orgánica 1/2025, de 2 de enero, de medidas en materia de eficiencia del Servicio Público de Justicia

NOVEDADES EN EL PROCESO ORDINARIO LABORAL POR LO 1/2025

Conozca al detalle las novedades el proceso social ordinario tras la Ley Orgánica 1/2025, de 2 de enero, de medidas en materia de eficiencia del Servicio Público de Justicia

EDICIÓN 2025

Obra realizada por el Departamento de Documentación de Iberley

COLEX 2025

© Editorial Colex, S.L.
Calle Costa Rica, número 5, 3.º B (local comercial)
A Coruña, 15004, A Coruña (Galicia)
info@colex.es
www.colex.es

I.S.B.N.: 979-13-7011-014-7
Depósito legal: C 546-2025

SUMARIO

ANEXO.
FORMULARIOS

0.
INTRODUCCIÓN

En el ordenamiento procesal laboral encontramos un «proceso ordinario», de carácter general y unos «procesos especiales» con determinadas peculiaridades adaptadas a objetos específicos y determinados. A modo introductorio podríamos decir que el procedimiento laboral ordinario **se encuentra regulado en el Libro II de la Ley de la Jurisdicción Social (LRJS)**, específicamente en los artículos 76 a 101. Este procedimiento se utiliza **para resolver aquellas materias o pretensiones que no tienen un trámite o modalidad especial prevista.** *(Procesos especiales en el orden social. Paso a paso. Colex. 2023).*

Antes de iniciar un procedimiento judicial, **es obligatorio intentar una conciliación o mediación previa ante el servicio administrativo correspondiente**, con el objetivo de resolver el conflicto de manera amistosa. Este acto suspende los plazos de caducidad de las acciones e interrumpe la prescripción. Además, para demandar al Estado o entidades gestoras de la Seguridad Social, es necesario haber agotado previamente la vía administrativa, salvo en ciertos casos excepcionales. *(Conciliación laboral. Paso a paso. Año 2025. Colex).*

El proceso comienza con los **actos preparatorios y diligencias preliminares** (arts. 76-79 de la LRJS), seguidos por la presentación y admisión de la demanda (arts. 80-81 LRJS). La demanda debe cumplir con ciertos requisitos, como la designación del órgano ante quien se presenta, la identificación de las partes y la enumeración de los hechos en los que se funda la pretensión. Además, debe incluir la documentación justificativa de haber intentado la conciliación o mediación previa, o de haber agotado la vía administrativa cuando proceda.

Una vez admitida la demanda, se señala la fecha para la **conciliación y el juicio oral** (art. 82 de la LRJS). La conciliación y el juicio pueden suspenderse en ciertos casos (art. 83 de la LRJS). Si no se alcanza un acuerdo en la conciliación, se procede a la **celebración del juicio** (arts. 84-85 de la LRJS), donde se practican las **pruebas** y se documentan en el acto del juicio oral (art. 89 de la LRJS). Los medios de prueba están regulados en los artículos 90 y siguientes de la LRJS.

La **sentencia** se dicta tras la celebración del juicio y puede incluir diligencias finales (arts. 97-100 de la LRJS).

Este procedimiento también contempla la posibilidad de imponer **multas por temeridad**, así como otras formas de terminación del proceso, como el desistimiento, allanamiento, transacción o conciliación. Además, se regula la prejudicialidad penal y social, y el procedimiento testigo para manejar demandas con idéntico objeto y misma parte demandada.

Tanto el **Real Decreto-ley 6/2023, de 19 de diciembre,** como la más reciente **Ley Orgánica 1/2025, de 2 de enero,** ha introducido varias modificaciones en la LRJS, con efectos desde el 20 de marzo de 2024 y 3 de abril de 2025 respectivamente.

En nuestra guía el lector encontrará información clara y actualizada sobre el procedimiento laboral ordinario en todas sus fases. Antes de entrar en materia merece la pena, a modo de introducción, resumir el contenido de los distintos puntos de esta obra y su implicación.

Principios inspiradores del procedimiento laboral y deberes procesales de las partes

Los jueces y tribunales del orden jurisdiccional social y los secretarios judiciales en su función de ordenación del procedimiento y demás competencias atribuidas por el artículo 456 de la Ley Orgánica del Poder Judicial, interpretarán y aplicarán las normas reguladoras del proceso social ordinario según los principios de inmediación, oralidad, concentración y celeridad, según el artículo 74 de la LRJS:

- **Inmediación:** este principio implica que el juez debe estar presente y participar directamente en la práctica de las pruebas y en la audiencia del juicio. La inmediación permite al juez valorar de primera mano las pruebas y testimonios, lo que contribuye a una mejor apreciación de los hechos y a una decisión más justa. La utilización de tecnologías como la videoconferencia no afecta este principio, ya que se considera que la presencia virtual es equiparable a la física

- **Oralidad:** este principio busca que todas las actuaciones del juicio se realicen en una única audiencia o en el menor número posible de sesiones. La concentración del proceso evita la dispersión de las pruebas y facilita una valoración más coherente y precisa por parte del juez. Además, reduce el riesgo de errores valorativos que pueden surgir cuando hay un lapso de tiempo significativo entre la práctica de las pruebas y su valoración.

- **Concentración:** en el procedimiento laboral, las partes deben exponer sus pretensiones y defensas de manera verbal durante el juicio. Este principio permite una mayor inmediatez y celeridad en la resolución de los conflictos laborales, ya que el juez puede valorar directamente los argumentos, pruebas y testimonios presentados oralmente. La oralidad también facilita la concentración del proceso, contribuyendo a su rapidez y eficiencia.

- **Celeridad:** este principio se refiere a la rapidez con la que debe desarrollarse el proceso laboral. La celeridad es esencial para evitar dilaciones indebidas y garantizar una pronta resolución de los conflictos laborales, lo que es especialmente importante dado el impacto que estos conflictos pueden tener en la vida de los trabajadores. La normativa procesal laboral está diseñada para asegurar que los procedimientos se lleven a cabo de manera ágil y eficiente, respetando siempre las garantías procesales de las partes.

El artículo 75 de la Ley Reguladora de la Jurisdicción Social (LRJS) establece los **deberes procesales de las partes en el orden social,** los cuales se pueden desglosar de la siguiente manera:

- **Rechazo de peticiones dilatorias y abuso de derecho:** los órganos judiciales deben rechazar de oficio, mediante resolución fundada, las peticiones, incidentes y excepciones que tengan una finalidad dilatoria o que constituyan un abuso de derecho. Además, corregirán los actos que, bajo el amparo de una norma, persigan un resultado contrario al previsto en la Constitución y en las leyes para el equilibrio procesal, la tutela judicial y la efectividad de las resoluciones.

- **Obligaciones de terceros:** las personas que no sean parte en el proceso deben cumplir las obligaciones que les impongan los jueces y tribunales para garantizar los derechos de las partes y asegurar la efectividad de las resoluciones judiciales.

- **Reclamación de indemnización por daños:** si se produce un daño evaluable económicamente, el perjudicado puede reclamar la indemnización correspondiente ante el juzgado o tribunal que esté conociendo o haya conocido el asunto principal.

- **Actuación de buena fe:** todas las partes deben actuar de buena fe en el proceso. Si se vulnera esta obligación o se formulan pretensiones temerarias, el juez o tribunal puede imponer una multa de entre seiscientos y seis mil euros, respetando el principio de proporcionalidad y ponderando las circunstancias del hecho, la capacidad económica y los perjuicios causados. La persona sancionada puede solicitar ser oída en justicia en el plazo de tres días desde la notificación de la multa.

- **Incumplimiento de obligaciones de colaboración:** el incumplimiento de las obligaciones de colaboración con el proceso y de cumplir las resoluciones de los jueces, tribunales y letrado o letrada de la Administración de Justicia (LAJ) puede dar lugar a la aplicación de apremios pecuniarios a las partes y multas coercitivas a los demás intervinientes o terceros, en los términos establecidos en los artículos 241.2 y 241.3 de la Ley de Enjuiciamiento Civil.

El tribunal, si aprecia ánimo dilatorio o mala fe procesal en la presentación del documento, podrá imponer al responsable una multa dentro de los límites fijados en el apartado 4 del artículo 75 de la LRJS.

CUESTIÓN

¿Qué sucede si el órgano judicial aprecia que la modalidad procesal utilizada no es la adecuada?

Si el órgano judicial aprecia que la modalidad procesal utilizada no es la adecuada, debe proceder a dar al asunto la tramitación que corresponda a la naturaleza de las pretensiones ejercitadas, tal como establece el apdo. 2 del art. 102 de la LRJS Esto significa que, aunque la parte demandante haya elegido un procedimiento inadecuado, el juez puede redirigir el caso a la modalidad procesal correcta, completando en su caso los trámites necesarios según la nueva modalidad, sin que ello implique la desestimación de la demanda.

Este procedimiento tiene como objetivo evitar que un error en la elección de la modalidad procesal conduzca a la desestimación de las pretensiones ejercitadas, garantizando así el derecho a la tutela judicial efectiva. (STS n.º 396/2023, de 5 de junio de 2023, ECLI:ES:TS:2023:2483).

1.
ANÁLISIS COMPARATIVO DE LOS ÚLTIMOS CAMBIOS NORMATIVOS

La Ley Orgánica 1/2025 mejora la LRJS, agiliza procesos y refuerza derechos laborales, abordando la conciliación y la extinción de contratos.

Dentro del orden jurisdiccional social la Ley Orgánica 1/2025, de 2 de enero, de medidas en materia de eficiencia del Servicio Público de Justicia acomete una reforma de la Ley de la jurisdicción social con la finalidad de dotar de mayor agilidad a la tramitación de los procedimientos.

Entre otros aspectos se pretende **agilizar en lo posible los actos de conciliación** ante el letrado o la letrada de la Administración de Justicia, impulsando su labor y posibilitando que el acto de conciliación se celebre a partir de los diez días desde la admisión de la demanda y con una antelación mínima de treinta días a la celebración del acto de la vista.

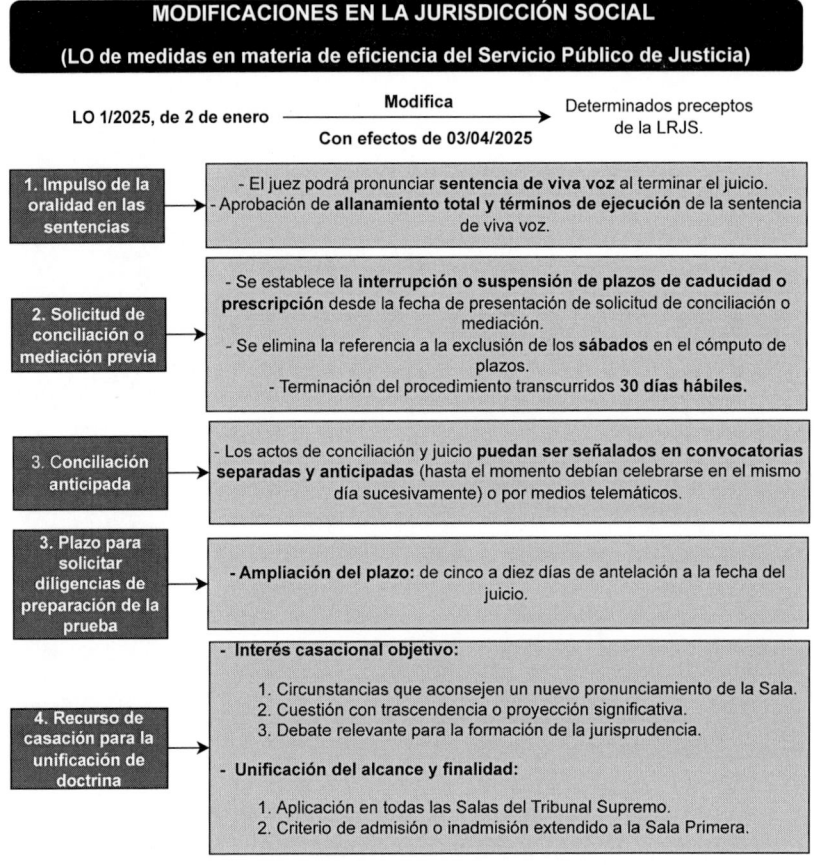

MODIFICACIONES EN LA JURISDICCIÓN SOCIAL

(LO de medidas en materia de eficiencia del Servicio Público de Justicia)

LO 1/2025, de 2 de enero — **Modifica** → Determinados preceptos de la LRJS.
Con efectos de 03/04/2025

1. Impulso de la oralidad en las sentencias
- El juez podrá pronunciar **sentencia de viva voz** al terminar el juicio.
- Aprobación de **allanamiento total y términos de ejecución** de la sentencia de viva voz.

2. Solicitud de conciliación o mediación previa
- Se establece la **interrupción o suspensión de plazos de caducidad o prescripción** desde la fecha de presentación de solicitud de conciliación o mediación.
- Se elimina la referencia a la exclusión de los **sábados** en el cómputo de plazos.
- Terminación del procedimiento transcurridos **30 días hábiles.**

3. Conciliación anticipada
- Los actos de conciliación y juicio **puedan ser señalados en convocatorias separadas y anticipadas** (hasta el momento debían celebrarse en el mismo día sucesivamente) o por medios telemáticos.

3. Plazo para solicitar diligencias de preparación de la prueba
- **Ampliación del plazo:** de cinco a diez días de antelación a la fecha del juicio.

4. Recurso de casación para la unificación de doctrina
- **Interés casacional objetivo:**
    1. Circunstancias que aconsejen un nuevo pronunciamiento de la Sala.
    2. Cuestión con trascendencia o proyección significativa.
    3. Debate relevante para la formación de la jurisprudencia.
- **Unificación del alcance y finalidad:**
    1. Aplicación en todas las Salas del Tribunal Supremo.
    2. Criterio de admisión o inadmisión extendido a la Sala Primera.

A TENER EN CUENTA. Todo el nuevo texto supone la inclusión de la perspectiva de género en el lenguaje jurídico haciendo referencia tanto a un juez como por una jueza así como la adaptación en la denominación de «secretario judicial» a «letrado o letrada de la Administración de Justicia».

‖ 1. Sentencias orales

Se modifica el art. 50 de la LRJS:

«Artículo 50. Sentencias orales.

El juez o la jueza, en el momento de terminar el juicio, podrá pronunciar sentencia de viva voz, con el contenido y los requisitos establecidos en el apartado 2 del artículo 97.

Igualmente podrá aprobar mediante sentencia de viva voz, el allanamiento total efectuado, así como, en su caso, los términos de ejecución de la sentencia que le sean propuestos de común acuerdo por las partes.

Su dictado tendrá lugar al concluir el mismo acto de la vista en presencia de las partes, quedando documentada en el soporte audiovisual del acto, sin perjuicio de la ulterior redacción por el juez, la jueza o el magistrado o la magistrada del encabezamiento, los hechos probados y la mera referencia a la motivación pronunciada de viva voz, dándose por reproducida, y el fallo integro, con expresa indicación de su firmeza o, en su caso, de los recursos que procedan, órgano ante el que deben interponerse y plazo para ello.

En aquellos procedimientos en los que no intervenga abogado ni graduado social, de conformidad con la ley, la resolución que se dicte tendrá que ser necesariamente escrita.

Pronunciada oralmente una sentencia, si todas las personas que fueren parte en el proceso estuvieren presentes en el acto debidamente asistidas por abogado o representadas por procurador o graduado social, y expresaren su decisión de no recurrir, se declarará, en el mismo acto, la firmeza de la resolución.

Fuera de este caso, el plazo para recurrir comenzará a contar desde que se notificase a la parte la resolución así redactada».

| Novedades:

1. **Impulso de la oralidad de las sentencias**: la sentencia pronunciada de viva voz debe quedar documentada en el soporte audiovisual del acto. Tras la sentencia oral, el juez, jueza, magistrado o magistrada debe redactar el encabezamiento, los hechos probados y una referencia a la motivación pronunciada de viva voz.

2. **Aprobación de allanamiento total y términos de ejecución de la sentencia de viva voz.**

3. **Procedimientos sin abogado ni graduado social**: se introduce una nueva disposición que establece que en procedimientos donde no intervenga abogado ni graduado social, la resolución debe ser necesariamente escrita.

4. **Firmeza de la resolución**: la nueva redacción aclara que si todas las partes presentes en el acto expresan su decisión de no recurrir, se declarará la firmeza de la resolución en el mismo acto, lo cual no se especificaba de manera tan clara en la redacción anterior.

5. **Plazo para recurrir**: se establece que fuera del caso en que todas las partes presentes expresen su decisión de no recurrir, el plazo para recurrir comenzará a contar desde que se notifique a la parte la resolución redactada, lo cual no se mencionaba explícitamente en la redacción anterior.

A TENER EN CUENTA. La D.T 9.ª.7 de la Ley Orgánica 1/2025, de 2 de enero establece que «La modificación del apartado 1 del artículo 50 de la Ley 36/2011, de 10 de octubre, reguladora de la jurisdicción social, será de aplicación a los procedimientos en los que no se haya celebrado juicio a la entrada en vigor de esta ley».

‖ 2. Efectos de la solicitud de conciliación o de mediación previa.

Se modifican los apartados 1 y 2 del art. 65 de la LRJS:

> «1. La presentación de la solicitud de conciliación o de mediación **inte-rrumpirá la prescripción o suspenderá la caducidad de acciones desde la fecha de dicha presentación, reiniciándose o reanudándose respectivamente el** cómputo de los plazos al día siguiente de intentada la conciliación o mediación o transcurridos quince días hábiles **desde su presentación sin que se haya celebrado.**
> 2. En todo caso, **transcurrido el plazo de treinta días hábiles** sin haberse celebrado el acto de conciliación o sin haberse iniciado mediación o alcanzado acuerdo en la misma se tendrá por terminado el procedimiento y cumplido el trámite».

│ Novedades:

1. **Interrupción y suspensión de plazos:** la nueva redacción aclara que la presentación de la solicitud de conciliación o mediación interrumpirá la prescripción o suspenderá la caducidad de acciones desde la fecha de dicha presentación, mientras que la redacción anterior mencionaba la suspensión de los plazos de caducidad e interrupción de los de prescripción sin especificar desde cuándo.

2. **Reinicio y reanudación de plazos:** la nueva redacción especifica que los plazos se reiniciarán o reanudarán respectivamente al día siguiente de intentada la conciliación o mediación o transcurridos quince días hábiles desde su presentación sin que se haya celebrado, mientras que la redacción anterior solo mencionaba la reanudación del cómputo de la caducidad.

3. **Sábados en el cómputo de plazos:** se elimina la referencia a la exclusión de los sábados en el cómputo de plazos.

4. **Plazo de treinta días hábiles para la terminación del procedimiento:** la nueva redacción establece que el plazo de treinta días es hábil, mientras que la redacción anterior no especificaba que los días fueran hábiles.

‖ 3. Deberes procesales de las partes.

Se modifica el apartado 4 del art. 75 de la LRJS:

> «4. Todos deberán ajustarse en sus actuaciones en el proceso a las reglas de la buena fe. De vulnerarse estas, así como en caso de formulación de pretensiones temerarias, sin perjuicio de lo dispuesto en el número anterior, el juez, la jueza o el tribunal podrá imponer mediante auto, en pieza separada, de forma motivada y respetando el principio de proporcionalidad, ponderando las circunstancias del hecho, la capacidad económica y los perjuicios causados al proceso y a otros intervinientes o a terceros, una multa que podrá oscilar de **seiscientos** a seis mil euros, sin que en ningún caso pueda superar la cuantía de la tercera parte del litigio.

Aquel al que se hubiere impuesto la multa prevista en el párrafo anterior podrá ser oído en justicia. La audiencia en justicia se pedirá en el plazo de los tres días siguientes al de la notificación de la multa, mediante escrito presentado ante el juez, la jueza o el tribunal que la haya impuesto. La audiencia será resuelta mediante auto contra el que cabrá recurso de alzada en cinco días ante la Sala de Gobierno correspondiente, que lo resolverá previo informe del juez, **jueza** o Sala que impuso la multa.

De apreciarse temeridad o mala fe en la sentencia o en la resolución de los recursos de suplicación o casación, se estará a lo dispuesto en sus reglas respectivas».

| Novedades:

Aumento del importe mínimo de la multa: se eleva la cuantía mínima de la multa que la sentencia puede imponer a cualquier litigante que haya obrado de mala fe o con temeridad de 180 a 600 euros.

|| 4. Forma y contenido de la demanda

Se suprime el apartado 2 del art. 80 de la LRJS (pasando el actual apartado 3 a numerarse como 2).

| Novedades:

- **Eliminación de la obligación de presentar copias:** se elimina la previsión de que la demanda y documentos que la acompañen se presentasen por el actor junto a tantas copias como demandados y demás interesados en el proceso hubiese, así como para el Ministerio Fiscal, en los casos en que legalmente debiera intervenir, así como de los demás documentos requeridos según la modalidad procesal aplicable.

|| 5. Señalamiento de los actos de conciliación y juicio

Se modifica el art. 82 de la LRJS:

«Artículo 82. Señalamiento de los actos de conciliación y juicio.

1. De ser admitida la demanda, una vez verificada la concurrencia de los requisitos exigidos, en la misma resolución de admisión a trámite **el letrado o letrada de la Administración de Justicia** señalará el día y la hora en que hayan de tener lugar, **separada o sucesivamente**, los actos de conciliación y de juicio, debiendo mediar un mínimo de diez días entre la citación y la efectiva celebración de dichos actos, salvo en los supuestos en que la ley disponga otro distinto y en los supuestos de nuevo señalamiento después de una suspensión.

En el caso de que la representación corresponda al abogado del Estado, al letrado o letrada de la Administración de la Seguridad Social, a los representantes procesales de las Comunidades Autónomas o de la Administración Local o al letrado o la letrada de las Cortes Generales, la resolución de admisión a trámite señalará el día y la hora en que deba tener lugar el acto del juicio.

En el señalamiento de las vistas y juicios el letrado o la letrada de la Administración de Justicia atenderá a los criterios establecidos en el artículo 182 de la Ley 1/2000, de 7 de enero, de Enjuiciamiento Civil, y procurará, en la medida de lo posible, señalar en un mismo día los que se refieran a los mismos interesados y no puedan ser acumulados, así como relacionar los señalamientos de los procesos en los que se deba intentar la conciliación previa por parte del letrado o la letrada de la Administración de Justicia con los exentos de dicho trámite. En especial, las audiencias y vistas que requieran la presencia del representante del Ministerio Fiscal, abogado del Estado, letrados de las Cortes Generales, letrados o letradas de la Administración de la Seguridad Social, de las Comunidades Autónomas o de la Administración Local, serán agrupadas, señalándose de forma consecutiva.

2. La celebración de los actos de conciliación y juicio, el primero ante el letrado o la letrada de la Administración de Justicia y el segundo ante el juez, la jueza, el magistrado o la magistrada podrá tener lugar en distinta convocatoria, debiendo hacerse a este efecto la citación en forma, con entrega a los demandados, a los interesados y, en su caso, al Ministerio Fiscal, de copia de la demanda y demás documentos; así como requiriendo de la Administración pública la remisión del expediente administrativo, cuando proceda, dentro de los diez días siguientes a la notificación.

El señalamiento del acto de conciliación en convocatoria separada y anticipada a la fecha del juicio podrá establecerse a instancia de cualquiera de las partes, si estimaran razonadamente que existe la posibilidad de llegar a un acuerdo conciliatorio, o de oficio por el letrado o la letrada de la Administración de Justicia si entendiera que, por la naturaleza y circunstancias del litigio o por la solución dada judicialmente en casos análogos, pudiera ser factible que las partes alcanzaran un acuerdo.

3. El acto de conciliación anticipada se celebrará a partir de los diez días desde la admisión de la demanda, y en todo caso con una antelación mínima de treinta días a la celebración del acto del juicio, salvo los supuestos fijados en esta ley.

También en el señalamiento del acto de conciliación anticipada se procurará fijar para un mismo día los procedimientos que se refieran a los mismos interesados y no puedan ser acumulados.

Intentada la conciliación anticipada ante el letrado o la letrada de la Administración de Justicia, se tendrá por celebrada sin necesidad de reiterarse el día de la vista, salvo que con anterioridad a la celebración del acto de juicio las partes manifiesten su intención de alcanzar un acuerdo.

4. En las cédulas de citación se hará constar que los actos de conciliación y juicio no podrán suspenderse por incomparecencia del demandado, salvo causas justificadas y en los supuestos legalmente previstos. También se consignará que los litigantes han de concurrir al juicio con todos los medios de prueba de que intenten valerse y que podrán formalizar, sin esperar a la fecha del señalamiento, conciliación en evitación del juicio, por medio de comparecencia ante la Oficina judicial o en los

términos previstos en el apartado 1 del artículo 84. Asimismo, podrán someter la cuestión litigiosa a los procedimientos de mediación que pudieran estar constituidos de acuerdo con lo dispuesto en el artículo 63, adoptando las medidas oportunas a tal fin sin que ello dé lugar a la suspensión de la comparecencia, salvo que de común acuerdo lo soliciten ambas partes justificando la sumisión a la mediación, y por el tiempo máximo establecido en el procedimiento correspondiente, que en todo caso no podrá exceder de quince días.

5. En la citación también se requerirá el previo traslado entre las partes o la aportación anticipada, con diez días de antelación al acto de juicio, de la prueba documental o pericial de que intenten valerse. La prueba se deberá presentar en formato electrónico, salvo que la parte no venga obligada a relacionarse electrónicamente con la Administración de Justicia, en cuyo caso se admitirá la presentación en papel o en otros soportes no digitales.

Transcurrido este plazo, sólo se admitirán a la parte actora o demandada los documentos, dictámenes, medios e instrumentos relativos al fondo del asunto cuando se hallen en alguno de los casos siguientes:

1.º Ser de fecha posterior siempre que no se hubiesen podido confeccionar ni obtener con anterioridad a dicho momento procesal.

2.º Tratarse de documentos, medios o instrumentos de fecha anterior, cuando la parte que los presente justifique no haber tenido antes conocimiento de su existencia.

3.º No haber sido posible obtener la prueba documental o dictamen pericial con anterioridad por causas no imputables a la parte, siempre que se hubiera efectuado en plazo la designación del archivo, protocolo o lugar en que se encuentren, o el registro, libro registro, actuaciones o expediente del que se pretenda obtener una certificación o anunciado, en su caso, el dictamen.

Cuando un documento, medio o instrumento sobre hechos relativos al fondo del asunto, se presentase una vez precluido el plazo indicado en este apartado, las demás partes podrán alegar en el juicio la improcedencia de tomarlo en consideración, por no encontrarse en ninguno de los casos indicados. El tribunal resolverá en el acto y, si apreciare ánimo dilatorio o mala fe procesal en la presentación del documento, podrá, además, imponer al responsable una multa dentro de los límites fijados en el apartado 4 del artículo 75.

6. Cuando la representación y defensa en juicio sea atribuida al abogado del Estado, se le concederá un plazo de veintidós días para la consulta a la Abogacía General del Estado. Cuando la representación y defensa en juicio sea atribuida al letrado o letrada de la Administración de la Seguridad Social, se le concederá igualmente un plazo de veintidós días para la consulta a la Dirección del Servicio Jurídico de la Administración de la Seguridad Social. Este mismo plazo se entenderá, respecto de las Comunidades Autónomas, para consulta al organismo que establezca su legislación propia, así como cuando la representación y presencia en juicio sea atribuida al letrado o letrada de las Cortes Generales. El señalamiento del juicio se hará de modo que tenga lugar en fecha posterior al indicado plazo».

| Novedades:

1. Flexibilidad en la convocatoria de actos: la nueva redacción permite que los actos de conciliación y juicio puedan ser señalados en convocatorias separadas y anticipadas, lo que no estaba contemplado en la redacción anterior.

2. Aumento del plazo para la aportación anticipada de pruebas: el plazo para la aportación anticipada de pruebas se incrementa de cinco a diez días.

3. Formato de presentación de pruebas: se establece la obligatoriedad de presentar las pruebas en formato electrónico, salvo excepciones.

4. Clarificación sobre la suspensión de actos: se especifica que los actos no podrán suspenderse por incomparecencia del demandado, salvo causas justificadas y en los supuestos legalmente previstos.

|| 6. Suspensión de los actos de conciliación y juicio

Se modifica el apartado 3 del art. 83 de la LRJS:

«3. La incomparecencia injustificada del demandado **al acto de conciliación** no impedirá la celebración de los actos de conciliación y juicio, continuando este sin necesidad de declarar **su rebeldía y sin perjuicio de la sanción que, por esta circunstancia, se podrá imponer en sentencia en los términos establecidos en el artículo 97.3.**».

| Novedades:

1. Especificación del acto de conciliación: la nueva redacción aclara que la incomparecencia injustificada del demandado se refiere específicamente al acto de conciliación, mientras que la redacción anterior no hacía esta distinción.

2. Posibilidad de sanción: la nueva redacción introduce la posibilidad de imponer una sanción al demandado por su incomparecencia injustificada, la cual se podrá establecer en la sentencia conforme a los términos del artículo 97.3 de la LRJS. Esta posibilidad no estaba contemplada en la redacción anterior.

|| 7. Celebración del acto de conciliación

Se modifican los apartados 1 y 3 del artículo 84 de la LRJS:

«1. El **letrado o letrada de la Administración de Justicia** intentará la conciliación, llevando a cabo la labor mediadora que le es propia, y advertirá a las partes de los derechos y obligaciones que pudieran corresponderles. Si las partes alcanzan la avenencia, dictará decreto aprobándola y acordando, además, el archivo de las actuaciones. Del mismo modo, corresponderá al **letrado letrada de la Administración de Justicia** la aprobación del acuerdo alcanzado por las partes antes del día señalado para el **acto del juicio, de haberse señalado conciliación anticipada,** o en la misma fecha del juicio de tratarse de conciliación y juicio señalados sucesivamente. A tal efecto las partes podrán anticipar la conciliación por vía telemática.

Cuando el acuerdo venga firmado digitalmente por todas las partes, se dictará decreto en el plazo máximo de tres días. En su defecto, y para su posterior ratificación y firma, se citará a las partes a comparecencia en un plazo máximo de cinco días. La conciliación y la resolución aprobatoria, oral o escrita, se documentarán en la propia acta de comparecencia.

La conciliación alcanzada ante el letrado o la letrada de la Administración de Justicia y los acuerdos logrados entre las partes y aprobados por aquél tendrán, a todos los efectos legales, la consideración de conciliación judicial.

(...)

3. En caso de no haber avenencia ante el letrado o la letrada de la Administración de Justicia y procederse a la celebración del juicio, la aprobación del acuerdo conciliatorio que, en su caso, alcanzasen las partes en dicho momento corresponderá al juez, la jueza o el tribunal ante el que se hubiere obtenido mediante resolución oral o escrita documentada en el propio acuerdo. Sólo cabrá nueva intervención del letrado o letrada de la Administración de Justicia aprobando un acuerdo entre las partes si el acto del juicio se llegase a suspender por cualquier causa.

De celebrarse la conciliación anticipada prevista en el artículo 82 y resultar sin acuerdo, el letrado o la letrada de la Administración de Justicia dejará constancia en el acta de los aspectos controvertidos que hayan impedido el mismo y, de concurrir cuestiones procesales que pudieran suscitar la suspensión del acto del juicio, tales como la existencia de terceros que deban ser llamados al procedimiento o la situación concursal de cualquiera de los intervinientes, advertirá a las partes en los términos establecidos en el artículo 81».

| Novedades:

1. Aprobación del acuerdo antes del juicio: hasta la fecha el LAJ aprobaba el acuerdo alcanzado por las partes antes del día señalado para los actos de conciliación y juicio, a partir del 03/04/2025, el letrado o letrada de la Administración de Justicia aprueba el acuerdo alcanzado por las partes antes del día señalado para el acto del juicio, de haberse señalado conciliación anticipada, o en la misma fecha del juicio de tratarse de conciliación y juicio señalados sucesivamente. Además, se permite la anticipación de la conciliación por vía telemática.

2. Firma digital y plazos: si el acuerdo viene firmado digitalmente por todas las partes, se dictará decreto en el plazo máximo de tres días. En su defecto, se citará a las partes a comparecencia en un plazo máximo de cinco días.

3. Intervención en caso de suspensión del juicio: hasta la fecha sólo cabía nueva intervención del LAJ aprobando un acuerdo entre las partes si el acto del juicio se llegase a suspender por cualquier causa. A partir del 03/04/2025, se mantiene la misma disposición, pero se añade que, de celebrarse la conciliación anticipada prevista en el artículo 82 de la LRJS y resultar sin acuerdo, el letrado o la letrada de la Administración de Justicia dejará constancia en el acta de los aspectos controvertidos que hayan impedido el mismo y advertirá a las partes sobre cuestiones procesales que pudieran suscitar la suspensión del acto del juicio, tales como la existencia de terceros que deban ser llamados al procedimiento o la situación concursal de cualquiera de los intervinientes, en los términos establecidos en el artículo 81 del LRJS.

‖ 8. Celebración del juicio

Se modifica el apartado 1 del art. 85 de la LRJS:

> «**1. En el acto del juicio, habiéndose dado cuenta de lo actuado, se resolverá, en primer término,** motivadamente, en forma oral y oídas las partes, sobre las cuestiones previas que se puedan formular en ese acto, así como sobre los recursos u otras incidencias pendientes de resolución, sin perjuicio de la ulterior sucinta fundamentación en la sentencia, cuando proceda. Igualmente serán oídas las partes y, en su caso, se resolverá, motivadamente y en forma oral, lo procedente sobre las cuestiones que el juez, **la jueza o** el tribunal pueda plantear en ese momento sobre su competencia, los presupuestos de la demanda o el alcance y límites de la pretensión formulada, respetando las garantías procesales de las partes y sin prejuzgar el fondo del asunto.
>
> A continuación, el demandante ratificará o ampliará su demanda, aunque en ningún caso podrá hacer en ella variación sustancial».

| Novedades:

- **Cambio en la estructura del procedimiento.**

‖ 9. Preparación y admisibilidad de los medios de prueba

Se modifica la rúbrica y el apartado 3 del art. 90:

> «Artículo 90. **Preparación y** admisibilidad de los medios de prueba.
> (...)
> 3. Podrán asimismo solicitar, al menos con **diez** días de antelación a la fecha del juicio, **diligencias de preparación de la prueba a practicar en juicio** salvo cuando el señalamiento se deba efectuar con antelación menor, en cuyo caso el plazo será de tres **días, y sin perjuicio de lo que el juez, la jueza o el tribunal decida sobre su admisión o inadmisión en el acto del juicio**».

| Novedades:

- **Cambio en el plazo para solicitar diligencias de citación o requerimiento:** las partes pueden solicitar, al menos con diez días (antes cinco) de antelación a la fecha del juicio, diligencias de preparación de la prueba a practicar en juicio, salvo cuando el señalamiento se deba efectuar con antelación menor, en cuyo caso el plazo será de tres días. Además, se añade que esto es sin perjuicio de lo que el juez, la jueza o el tribunal decida sobre su admisión o inadmisión en el acto del juicio.

‖ 10. Escrito de interposición del recurso de suplicación

Se modifica el apartado 1 del artículo 196 de la LRJS:

> «1. El escrito interponiendo el recurso de suplicación se presentará ante el juzgado que dictó la resolución **impugnada**».

∣ Novedades:

- **Eliminación de la obligación de presentar copias:** en la redacción vigente hasta el 02/04/2025, se requería que el escrito de interposición del recurso de suplicación se presentara con tantas copias como partes recurridas. A partir del 03/04/2025, esta obligación se elimina, simplificando el proceso de presentación del recurso.

‖ 11. Interposición del recurso de casación y demás procesos ‖ atribuidos al conocimiento del Tribunal Supremo

Se modifican los apartados 1 y 3 del art. 210 de la LRJS (pasando el actual apartado 3 a ser 4):

> «1. El escrito de formalización se presentará ante la Sala que dictó la resolución impugnada, por el abogado designado al efecto quien, de no indicarse otra cosa, asumirá desde ese momento la representación de la parte en el **recurso, designando** un domicilio a efectos de notificaciones, con todos los datos necesarios para su práctica, con los efectos del apartado 2 del artículo 53.
> (...)
> 3. La Sala de Gobierno del Tribunal Supremo podrá determinar, mediante acuerdo que se publicará en el ''Boletín Oficial del Estado'', la extensión máxima y otras condiciones extrínsecas, incluidas las relativas al formato en el que deban ser presentados, de los escritos de formalización y de impugnación de los recursos de casación».

∣ Novedades:

- Eliminación de la obligación de presentar copias.

- **Se elimina la posibilidad de dictar auto poniendo fin al trámite del recurso si no se hubiera formalizado dentro del plazo conferido al efecto o si en el escrito se hubiesen omitido de modo manifiesto los requisitos exigido.**

- **Nuevas facultades para la Sala de Gobierno del Tribunal Supremo:** A partir del 03/04/2025, se introduce la posibilidad de que la Sala de Gobierno del Tribunal Supremo determine, mediante acuerdo publicado en el Boletín Oficial del Estado, la extensión máxima y otras condiciones extrínsecas de los escritos de formalización e impugnación de los recursos de casación. Esta modificación busca estandarizar y regular las condiciones de presentación de estos escritos, contribuyendo a una mayor eficiencia y claridad en el proceso judicial.

‖ 12. Finalidad del recurso de casación para la unificación de doctrina

Se modifican los apartados 1 y 3 del art. 219 de la LRJS:

«1. El recurso tendrá por objeto la unificación de doctrina con ocasión de sentencias dictadas en suplicación por las Salas de lo Social de los Tribunales Superiores de Justicia, que fueran contradictorias entre sí, con la de otra u otras Salas de los referidos Tribunales Superiores o con sentencias del Tribunal Supremo, respecto de los mismos litigantes u otros diferentes en idéntica situación donde, en mérito a hechos, fundamentos y pretensiones sustancialmente iguales, se hubiere llegado a pronunciamientos distintos, **siempre que la Sala Social del Tribunal Supremo aprecie que el recurso presenta interés casacional objetivo. Existe interés casacional objetivo cuando se de alguno de los siguientes supuestos:**

a) Si concurren circunstancias que aconsejen un nuevo pronunciamiento de la Sala.

b) Si la cuestión posee una trascendencia o proyección significativa.

c) Si el debate suscitado presenta relevancia para la formación de la jurisprudencia.

(...)

3. El Ministerio Fiscal, en su función de defensa de la legalidad, de oficio o a instancia de los sindicatos, organizaciones empresariales, asociaciones representativas de los trabajadores autónomos económicamente dependientes o entidades públicas que, por las competencias que tengan atribuidas, ostenten interés legítimo en la unidad jurisprudencial sobre la cuestión litigiosa, y con independencia de la facultad que ordinariamente tiene atribuida conforme al artículo siguiente de esta Ley, podrá interponer recurso de casación para unificación de doctrina. Dicho recurso podrá interponerse **en los siguientes casos:**

a) Cuando, sin existir doctrina unificada en la materia de que se trate, se hayan dictado pronunciamientos distintos por los Tribunales Superiores de Justicia, en interpretación de unas mismas normas sustantivas o procesales y en circunstancias sustancialmente iguales.

b) Cuando se constate la dificultad de que la cuestión pueda acceder a unificación de doctrina según los requisitos ordinariamente exigidos.

c) Cuando las normas cuestionadas por parte de los tribunales del orden social sean de reciente vigencia o aplicación, por llevar menos de cinco años en vigor en el momento de haberse iniciado el proceso en la instancia.

d) Cuando no existieran aún resoluciones suficientes e idóneas sobre todas las cuestiones discutidas que cumplieran los requisitos exigidos en el apartado 1 de este artículo.

e) Cuando la cuestión debatida presente interés casacional objetivo».

| Novedades:

- **Introducción del interés casacional objetivo:** el recurso de casación para la unificación de doctrina deberá presentar interés casacional objetivo, lo que añade un filtro adicional para la admisión del recurso, asegurando que solo se tramiten aquellos casos con relevancia jurídica significativa. **Existe interés casacional objetivo cuando se de alguno de los siguientes supuestos:**

> a) Si concurren circunstancias que aconsejen un nuevo pronunciamiento de la Sala.
>
> b) Si la cuestión posee una trascendencia o proyección significativa.
>
> c) Si el debate suscitado presenta relevancia para la formación de la jurisprudencia.

- **Especificación de supuestos para el Ministerio Fiscal:** se detallan los supuestos en los que el Ministerio Fiscal puede interponer el recurso, incluyendo el interés casacional objetivo como un nuevo criterio.

- Se elimina la **regulación de los requisitos de preparación y formalización del recurso por el Ministerio Fiscal.**

13. Forma y contenido del escrito de preparación del recurso para la unificación de doctrina

Se modifica el apartado 1 y se añade una letra c) al apartado 2 del art. 221 de la LRJS:

> «1. El recurso se preparará mediante escrito dirigido a la Sala de lo Social del Tribunal Superior de Justicia que dictó la sentencia de suplicación, y designando un domicilio en la sede de la Sala de lo Social del Tribunal Supremo a efectos de notificaciones, con todos los datos necesarios para su práctica y con los efectos del apartado 2 del artículo 53.
>
> 2. El escrito de preparación deberá estar firmado por abogado, acreditando la representación de la parte de no constar previamente en las actuaciones, y expresará el propósito de la parte de formalizar el recurso, con exposición sucinta de la concurrencia de los requisitos exigidos. El escrito deberá:
>
> a) Exponer cada uno de los extremos del núcleo de la contradicción, determinando el sentido y alcance de la divergencia existente entre las resoluciones comparadas, en atención a la identidad de la situación, a la igualdad sustancial de hechos, fundamentos y pretensiones y a la diferencia de pronunciamientos.
>
> b) Hacer referencia detallada y precisa a los datos identificativos de la sentencia o sentencias que la parte pretenda utilizar para fundamentar cada uno de los puntos de contradicción.
>
> c) **Exponer, de manera sucinta, las razones por las que la cuestión suscitada posee interés casacional objetivo».**

| Novedades:

- Eliminación de la obligación de presentar copias.

- Incorporación de un nuevo requisito: A partir del 03/04/2025, se añade un nuevo apartado (c) que requiere que el escrito de preparación del recurso exponga, de manera sucinta, las razones por las que la cuestión suscitada posee interés casacional objetivo.

‖ 14. Interposición del recurso para la unificación de doctrina

Se modifica el apartado 2 del art. 223 de la LRJS:

«2. El escrito de interposición del recurso deberá ir firmado por **abogado y reunir** los requisitos del artículo 224».

| Novedades:

- Eliminación de la obligación de presentar copias.

‖ 15. Contenido del escrito de interposición del recurso para la unificación de doctrina

Se añade una letra c) en el apartado 1 y un nuevo apartado 5 al art. 224 de la LRJS:

«1. El escrito de interposición del recurso deberá contener:
a) Una relación precisa y circunstanciada de la contradicción alegada en los términos de la letra a) del apartado 2 del artículo 221, evidenciando que concurre la sustancial contradicción de sentencias y argumentando sobre la concurrencia de las identidades del artículo 219.
b) La fundamentación de la infracción legal cometida en la sentencia impugnada y, en su caso, del quebranto producido en la unificación de la interpretación del derecho y la formación de la jurisprudencia.
c) La exposición argumentada de la concurrencia del interés casacional objetivo.
(...)
5. Será de aplicación a los escritos de interposición y de impugnación del recurso de casación para la unificación de doctrina lo preceptuado en el artículo 210.3 de esta ley».

| Novedades:

- Incorporación del interés casacional objetivo: a partir del 03/04/2025, se requiere que el escrito de interposición del recurso incluya una exposición argumentada de la concurrencia del interés casacional objetivo, lo cual añade un nuevo requisito para la admisión del recurso.

- Aplicación del artículo 210.3 de la LRJS: se establece que las disposiciones del artículo 210.3 de la LRJS serán aplicables a los escritos de interposición y de impugnación del recurso de casación para la unificación de doctrina, lo que implica una mayor uniformidad y claridad en los procedimientos.

16. Decisión sobre la admisión del recurso de casación para la unificación de doctrina

Se modifican los apartados 1, 3, 4 y 5 del art. 225 de la LRJS:

«1. Recibidos los autos en la Sala de lo Social del Tribunal Supremo, si el letrado o letrada de la Administración de Justicia apreciara el defecto insubsanable de haberse preparado o interpuesto fuera de plazo dictará decreto poniendo fin al trámite del recurso, contra el que sólo procederá recurso de revisión.

De apreciar defectos subsanables en la tramitación del recurso, o en su preparación e interposición, concederá a la parte un plazo de diez días para la aportación de los documentos omitidos o la subsanación de los defectos apreciados.

De no efectuarse la subsanación en el tiempo y forma establecidos, dará cuenta a la Sala para que resuelva lo que proceda y, de dictarse providencia sucintamente motivada poniendo fin al trámite del recurso, declarará la firmeza en su caso de la resolución recurrida, con pérdida del depósito constituido y remisión de las actuaciones a la Sala de procedencia. Contra dicha providencia no cabrá interponer recurso alguno.

2. De no haber apreciado defectos el letrado o letrada de la Administración de Justicia, o una vez subsanados los advertidos, o si apreciare defectos insubsanables, sea en la preparación o en la interposición, distintos de los de su preparación o interposición fuera de plazo, dará cuenta al magistrado ponente para instrucción de los autos por tres días.

3. El magistrado ponente, dará cuenta a la Sala del recurso interpuesto y de las causas de inadmisión que apreciare, en su caso.

Si la Sala acordare la admisión total del recurso dictará providencia poniéndolo de manifiesto, sin que frente a la misma quepa recurso alguno.

Si la Sala estimare que concurre alguna de las causas de inadmisión referidas en las letras a), b) y c) del apartado siguiente, pasará los autos al Ministerio Fiscal, de no haber interpuesto el recurso, para que, en el plazo de cinco días, informe sobre la admisión o inadmisión del mismo. Si la Sala estimare que concurre la causa de inadmisión referida en las letras d), e) y f) del apartado siguiente acordará oír al recurrente sobre las mismas por un plazo de cinco días, con ulterior informe del Ministerio Fiscal por otros cinco días, de no haber interpuesto el recurso.

4. Son causas de inadmisión:

a) el incumplimiento de manera manifiesta e insubsanable de los requisitos procesales para preparar o interponer el recurso,

b) la carencia sobrevenida del objeto del recurso,

c) la falta de contradicción entre las sentencias comparadas,

d) la falta de contenido casacional de la pretensión,

e) el haberse desestimado en el fondo otros recursos en supuestos sustancialmente iguales,

f) la falta de interés casacional objetivo.

5. Si la Sala estimara que concurre alguna de las causas de inadmisión referidas dictará, en el plazo de tres días, providencia sucintamente motivada declarando la inadmisión y la firmeza de la resolución recurrida, con imposición al recurrente de las costas causadas, de haber comparecido en el recurso las partes recurridas, en los términos establecidos en esta Ley y sin que quepa recurso contra dicha resolución. La inadmisión comportará, en su caso, la pérdida del depósito constituido, dándose a las consignaciones y aseguramientos prestados el destino que corresponda, de acuerdo con la sentencia de suplicación.

Cuando la inadmisión se refiera solamente a alguno de los motivos aducidos o a alguno de los recursos interpuestos, se dispondrá la continuación del trámite de los restantes recursos o motivos no afectados por la providencia de inadmisión parcial, sin que la resolución dictada al efecto sea recurrible.

6. Si por la Sección de admisiones se apreciare la falta de competencia funcional para el conocimiento del litigio, se concederá audiencia a las partes y al Ministerio Fiscal por un plazo común de tres días. Finalizado el plazo, se señalará dentro de los diez días siguientes para deliberación, votación y fallo, debiendo dictarse sentencia dentro de los diez días siguientes a la celebración de la votación.

7. Para el despacho ordinario y resolución de la inadmisión de este recurso la Sala se constituirá con tres Magistra sucintamente motivadados».

| Novedades:

- **Providencia sucintamente motivada**: se introduce la figura de la providencia sucintamente motivada (antes auto) para poner fin al trámite del recurso en caso de defectos insubsanables o inadmisión, eliminando la posibilidad de interponer recurso contra dicha providencia.

- En caso de **admisión total del recurso** se dictará providencia contra la que no cabe recurso.

- **Nueva causa de inadmisión**: se añade la falta de interés casacional objetivo como nueva causa de inadmisión del recurso.

- **Inadmisión parcial**: se establece la posibilidad de inadmisión parcial del recurso, permitiendo la continuación del trámite de los restantes recursos o motivos no afectados por la providencia de inadmisión parcial.

A TENER EN CUENTA. La D.T 9.ª.8 de la Ley Orgánica 1/2025, de 2 de enero establece que «La nueva regulación de los recursos de casación social será de aplicación a los recursos que se formulen contra las resoluciones dictadas a partir de su entrada en vigor. En todo caso, la inadmisión de los recursos de casación para la unificación de doctrina interpuestos contra las resoluciones dictadas con anterioridad a la entrada en vigor de esta norma se acordará, previa audiencia de las partes, por providencia sucintamente motivada que será irrecurrible».

|| 17. Revisión y error judicial, competencia y tramitación

Se introduce un nuevo cuarto párrafo (pasando el actual cuarto a ser quinto) en el apartado 1, y un nuevo segundo párrafo en el apartado 2 del art. 236 de la LRJS:

«1. Contra cualquier sentencia firme dictada por los órganos del orden jurisdiccional social y contra los laudos arbitrales firmes sobre materias objeto de conocimiento del orden social, procederá la revisión prevista en la Ley 1/2000, de 7 de enero, por los motivos de su artículo 510 y por el regulado en el apartado 3 del artículo 86 de la presente ley. La revisión se solicitará ante la Sala de lo Social del Tribunal Supremo.

En la revisión no se celebrará vista, salvo que así lo acuerde el tribunal o cuando deba practicarse prueba. En caso de condena en costas se estará a lo previsto en el artículo anterior y el depósito para recurrir tendrá la cuantía que en la presente ley se señala para los recursos de casación.

La revisión se inadmitirá de no concurrir los requisitos y presupuestos procesales exigibles o de no haberse agotado previamente los recursos jurisdiccionales que la ley prevé para que la sentencia pueda considerarse firme; así como, si se formula por los mismos motivos que hubieran podido plantearse, de concurrir los presupuestos para ello, en el incidente de nulidad de actuaciones regulado en el artículo 241 de la Ley Orgánica del Poder Judicial o mediante la audiencia al demandado rebelde establecida en el artículo 185 de la presente ley, o cuando, planteados aquéllos, los referidos motivos hubieren sido desestimados por resolución firme.

Si la Sala apreciara la concurrencia de cualquiera de tales causas de inadmisión dictará auto, contra el cual no cabe recurso.

En los supuestos del apartado 2 del artículo 510 de la Ley 1/2000, de 7 de enero, salvo en aquellos procedimientos en que alguna de las partes esté representada y defendida por el Abogado del Estado, el letrado o letrada de la Administración de Justicia dará traslado a la Abogacía General del Estado de la presentación de la demanda de revisión, así como de la decisión sobre su admisión. La Abogacía del Estado podrá intervenir, sin tener la condición de parte, por propia iniciativa o a instancia del órgano judicial, mediante la aportación de información o presentación de observaciones escritas sobre cuestiones relativas a la ejecución de la Sentencia del Tribunal Europeo de Derechos Humanos. El letrado o letrada de la Administración de Justicia notificará igualmente la decisión de la revisión a la Abogacía General del Estado. Del mismo modo, en caso de estimarse la revisión, los letrados y las letradas de la Administración de Justicia de los tribunales correspondientes informarán a la Abogacía General del Estado de las principales actuaciones que se lleven a cabo como consecuencia de la revisión.

2. El proceso de error judicial, destinado a reparar el daño producido por una resolución firme errónea que carece de posibilidad de rectificación por la vía normal de los recursos, cuando sea competencia de la Sala de lo Social del Tribunal Supremo, se seguirá por los trámites y requisitos establecidos para la declaración de error judicial en los artículos 292 y concordantes de la Ley Orgánica del Poder Judicial, con las especialidades sobre depósitos, vista y costas establecidas para la revisión y sin que la apreciación del error pueda fundamentarse en pruebas distintas de las practicadas en las actuaciones procesales origen del mismo presunto error.

Si la Sala apreciara la concurrencia de cualquiera de tales causas de inadmisión dictará auto, contra el cual no cabe recurso».

| Novedades:

- **Auto de inadmisión sin recurso**: se introduce la posibilidad de que la Sala dicte un auto de inadmisión contra el cual no cabe recurso, en caso de apreciar la concurrencia de causas de inadmisión. Se mantiene la estructura y procedimientos anteriores, pero se añade la especificación de que el auto de inadmisión no es recurrible, lo que puede agilizar el proceso y reducir la carga de trabajo de los tribunales.

|| 18. Tercería de dominio

Se modifica el apartado 2 del art. 260 de la LRJS:

«2. El tribunal, mediante auto, rechazará de plano y sin sustanciación alguna la demanda de tercería de dominio a la que no se acompañe un principio de prueba por escrito del fundamento de la pretensión del tercerista, así como la que se interponga con posterioridad al momento en que, de acuerdo con lo dispuesto en la legislación civil, se produzca la transmisión del bien al acreedor o al tercero que lo adquiera en pública subasta».

| Novedades:

- **Rechazo de plano**: el tribunal podrá rechazar de plano y sin sustanciación alguna la demanda de tercería de dominio si no se acompaña un principio de prueba por escrito del fundamento de la pretensión del tercerista.

- **Momento de interposición**: también se rechazará la demanda que se interponga después de que, según la legislación civil, se haya producido la transmisión del bien al acreedor o al tercero que lo adquiera en pública subasta.

|| 19. Realización de los bienes

Se modifica el art. 264 de la LRJS:

«Artículo 264. Realización de los bienes.
La realización de los bienes embargados se ajustará a lo dispuesto en la legislación procesal **civil**.».

| Novedades:

- Se elimina la excepción que permitía a los ejecutantes o responsables legales adjudicarse los bienes embargados por el 30 por ciento del avalúo en caso de subasta desierta.

- La realización de los bienes embargados se ajustará completamente a lo dispuesto en la legislación procesal civil sin excepciones.

A TENER EN CUENTA. En nuestro análisis hemos excluido las modificaciones realizadas por el ET con la corrección del «error técnico» de la Ley de paridad que suprimió dos de las causas de nulidad del despido por discriminación y la mayor claridad las condiciones bajo las cuales los trabajadores podrán considerar válida la extinción de su contrato por retrasos en el pago de su salario.

2.
CONCEPTO Y PRINCIPALES CARACTERÍSTICAS DEL PROCESO ORDINARIO EN EL ORDEN SOCIAL

El libro II de la Ley de la Jurisdicción Social (arts. 76-101 LRJS) se ocupa de desarrollar este proceso ordinario, capítulos I y II (5 secciones), comenzando con los actos preparatorios (arts. 76-79 de la LRJS) y diligencias preliminares, la demanda, su admisión (arts. 80-81 de la LRJS), señalamiento de la conciliación y del juicio oral (art. 82 de la LRJS), suspensiones de la conciliación y del juicio (art. 83 de la LRJS), celebración de la conciliación y del juicio (art. 84-85 de la LRJS), la prueba, su documentación en el acto del juicio oral (art. 89 de la LRJS), los medios de prueba (art. 90 de la LRJS y ss.), la sentencia, diligencias finales (art. 97-100 de la LRJS).

Con carácter general, se sustanciarán a través de este procedimiento todas aquellas materias o pretensiones que no tengan previsto un trámite o modalidad especial (art. 102 de la LRJS).

El art. 80 de la LRJS establece los requisitos generales que debe cumplir una demanda en el orden social. Entre ellos se encuentran la designación del órgano ante quien se presente, la modalidad procesal a través de la cual se tramite la pretensión, la identificación del demandante/demandados y la enumeración de los hechos sobre los que se funde la pretensión. Además, debe incluir la súplica (formulación de la pretensión), la fecha y la firma.

A la demanda se acompañará la documentación justificativa de haber intentado la previa conciliación o mediación, o de haber transcurrido el plazo exigible para su realización sin que se hubiesen celebrado, o del agotamiento de la vía administrativa, cuando proceda, o alegación de no ser necesarias estas, así como los restantes documentos de aportación preceptiva con la demanda según la modalidad procesal aplicable (art. 80.2 de la LRJS).

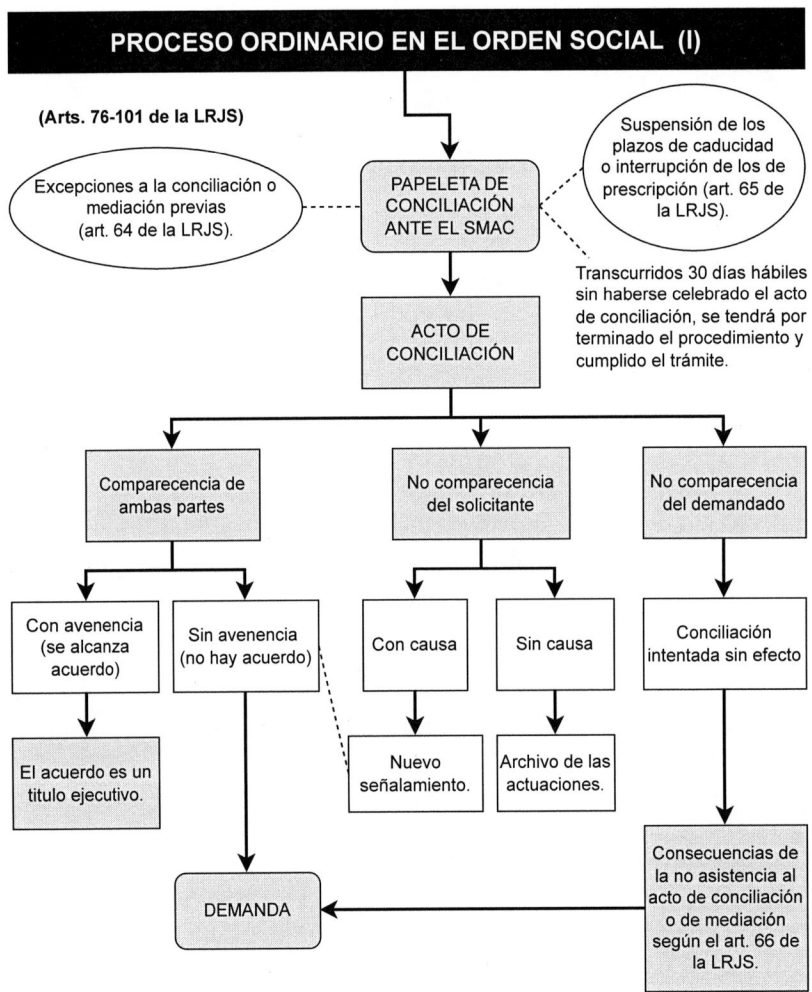

PROCESO ORDINARIO EN EL ORDEN SOCIAL (I)

(Arts. 76-101 de la LRJS)

Excepciones a la conciliación o mediación previas (art. 64 de la LRJS).

PAPELETA DE CONCILIACIÓN ANTE EL SMAC

Suspensión de los plazos de caducidad o interrupción de los de prescripción (art. 65 de la LRJS).

Transcurridos 30 días hábiles sin haberse celebrado el acto de conciliación, se tendrá por terminado el procedimiento y cumplido el trámite.

ACTO DE CONCILIACIÓN

Comparecencia de ambas partes

No comparecencia del solicitante

No comparecencia del demandado

Con avenencia (se alcanza acuerdo)

Sin avenencia (no hay acuerdo)

Con causa

Sin causa

Conciliación intentada sin efecto

El acuerdo es un título ejecutivo.

Nuevo señalamiento.

Archivo de las actuaciones.

DEMANDA

Consecuencias de la no asistencia al acto de conciliación o de mediación según el art. 66 de la LRJS.

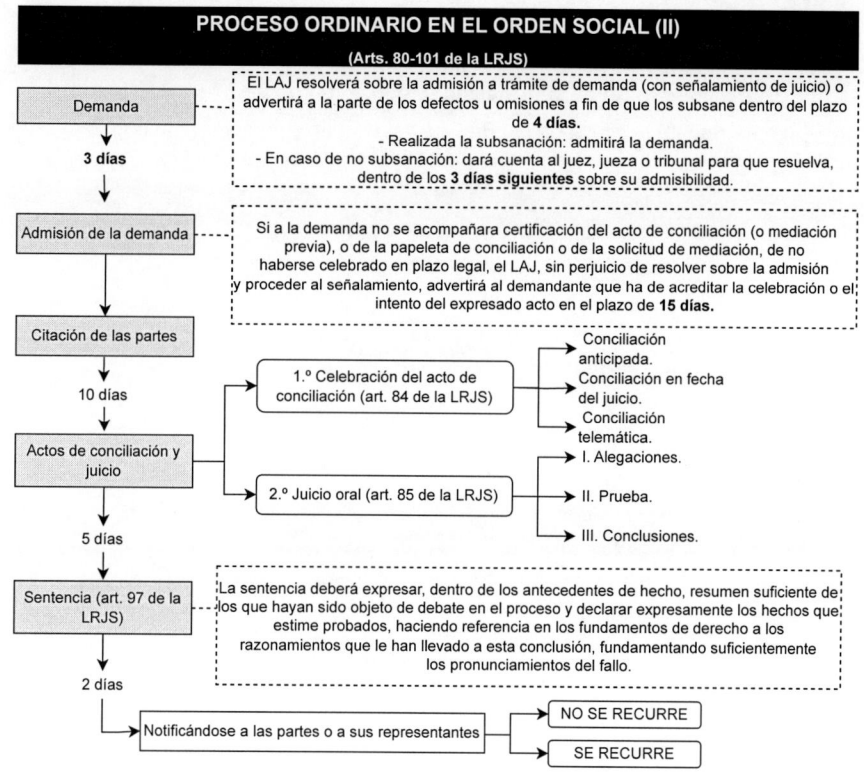

PROCESO ORDINARIO EN EL ORDEN SOCIAL (II)

(Arts. 80-101 de la LRJS)

Demanda
3 días

El LAJ resolverá sobre la admisión a trámite de demanda (con señalamiento de juicio) o advertirá a la parte de los defectos u omisiones a fin de que los subsane dentro del plazo de **4 días.**
- Realizada la subsanación: admitirá la demanda.
- En caso de no subsanación: dará cuenta al juez, jueza o tribunal para que resuelva, dentro de los **3 días siguientes** sobre su admisibilidad.

Admisión de la demanda

Si a la demanda no se acompañara certificación del acto de conciliación (o mediación previa), o de la papeleta de conciliación o de la solicitud de mediación, de no haberse celebrado en plazo legal, el LAJ, sin perjuicio de resolver sobre la admisión y proceder al señalamiento, advertirá al demandante que ha de acreditar la celebración o el intento del expresado acto en el plazo de **15 días.**

Citación de las partes
10 días

Actos de conciliación y juicio
5 días

1.º Celebración del acto de conciliación (art. 84 de la LRJS)
— Conciliación anticipada.
— Conciliación en fecha del juicio.
— Conciliación telemática.

2.º Juicio oral (art. 85 de la LRJS)
— I. Alegaciones.
— II. Prueba.
— III. Conclusiones.

Sentencia (art. 97 de la LRJS)
2 días

La sentencia deberá expresar, dentro de los antecedentes de hecho, resumen suficiente de los que hayan sido objeto de debate en el proceso y declarar expresamente los hechos que estime probados, haciendo referencia en los fundamentos de derecho a los razonamientos que le han llevado a esta conclusión, fundamentando suficientemente los pronunciamientos del fallo.

Notificándose a las partes o a sus representantes
NO SE RECURRE
SE RECURRE

CUESTIONES

1. ¿Qué documentos se exigen en la demanda en el orden social?

Los certificados que acrediten haber cumplido con el trámite de la conciliación o mediación previa, un poder para pleitos si el demandante actúa representado por otra persona y la acreditación de la condición de afiliado de un sindicato.

Con efectos de 03/04/2025 se elimina la previsión de que la demanda y documentos que la acompañen se presentasen por el actor junto a tantas copias como demandados y demás interesados en el proceso hubiese. (Se suprime el apartado 2 del art. 80 de la LRJS por la Ley Orgánica 1/2025, de 2 de enero).

2. ¿Es obligatorio aportar documentos que justifiquen las pretensiones junto a la demanda en el orden social?

No, estos documentos se pueden presentar directamente en el acto del juicio sin perjuicio de lo previsto en el art. 82.4 de la LRJS.

3. ¿Qué es el trámite de conciliación o mediación previa?

Es un trámite legal obligatorio que se debe realizar para solucionar un conflicto laboral antes de iniciar cualquier procedimiento judicial.

3.
LA EVITACIÓN DEL PROCESO EN EL ORDEN SOCIAL

La Ley 36/2011, de 10 de octubre, reguladora de la jurisdicción social, reitera la exigencia del intento conciliador ante el servicio administrativo correspondiente o ante los órganos de conciliación que puedan establecerse a través de los acuerdos interprofesionales o los convenios colectivos, así como los acuerdos de interés profesional (arts. 63 y 154 de la LRJS, 83 del ET y 13 de la Ley 20/2007, de 11 de julio) como «requisito previo» a la tramitación de cualquier proceso ante el órgano jurisdiccional.

El título V de la LJS, «De la evitación del proceso», regula como tal dos vías, en sendos capítulos, el primero, «De la conciliación previa» (arts. 63 a 68 de la LRJS), y el segundo, «De la reclamación previa a la vía judicial» (arts. 69 a 73 de la LJS).

A TENER EN CUENTA. El ordenamiento procesal laboral posee dos momentos para la conciliación: a) el extrajudicial aquí analizado previo al inicio del proceso ante los órganos no jurisdiccionales (regulado en los arts. 63-73 de la LRJS); y, b) otro ante el propio órgano jurisdiccional (regulado en los arts. de la 83-89 de la LRJS).

3.1. Conciliación o mediación previas a la vía judicial en el orden social

El artículo 63 de la Ley 36/2011, de 10 de octubre, reguladora de la jurisdicción social, dispone que «Será requisito previo para la tramitación del proceso el intento de conciliación o, en su caso, de mediación ante el servicio administrativo correspondiente o ante el órgano que asuma estas funciones que podrá constituirse mediante los acuerdos interprofesionales o los convenios colectivos a los que se refiere el artículo 83 del Texto Refundido de la Ley del Estatuto de los Trabajadores, así como mediante los acuerdos de interés profesional a los que se refieren el artículo 13 y el apartado 1 del artículo 18 de la Ley del Estatuto del trabajo autónomo».

Por su parte, el apartado tercero del artículo 80 de la misma ley establece que «A la demanda se acompañará la documentación justificativa de haber intentado la previa conciliación o mediación, o de haber transcurrido el plazo exigible para su realización sin que se hubiesen celebrado, o del agotamiento de la vía administrativa, cuando proceda, o alegación de no ser necesarias estas, así como los restantes documentos de aportación preceptiva con la demanda según la modalidad procesal aplicable».

El artículo 19 de la Ley de Enjuiciamiento Civil dispone que «Los litigantes están facultados para disponer del objeto del juicio y podrán renunciar, desistir del juicio, allanarse, someterse a mediación, a cualquier otro medio adecuado de solución de controversias o a arbitraje, y transigir sobre lo que sea objeto del mismo, excepto cuando la ley lo prohíba o establezca limitaciones por razones de interés general o en beneficio de tercero. Estos actos de disposición de los litigantes no podrán realizarse una vez señalado día para la deliberación, votación y fallo del recurso de casación». El apartado tercero del mismo precepto señala que «Los actos a los que se refieren los apartados anteriores podrán realizarse, según su naturaleza, en cualquier momento de la primera instancia o de los recursos o de la ejecución de sentencia (...)».

El artículo 20.2 de la misma ley dispone que «el demandante podrá desistir unilateralmente del juicio antes de que el demandado sea emplazado para contestar a la demanda o citado para juicio. También podrá desistir unilateralmente, en cualquier momento, cuando el demandado se encontrare en rebeldía».

El artículo 20.3 de la Ley de Enjuiciamiento Civil prevé que en el caso de que el demandando estuviera ya emplazado «del escrito de desistimiento se le dará traslado por plazo de diez días. Si el demandado prestare su conformidad al desistimiento o no se opusiere a él dentro del plazo expresado en el párrafo anterior, por el letrado de la Administración de Justicia se dictará decreto acordando el sobreseimiento y el actor podrá promover nuevo juicio sobre el mismo objeto. Si el demandado se opusiera al desistimiento, el juez resolverá lo que estime oportuno».

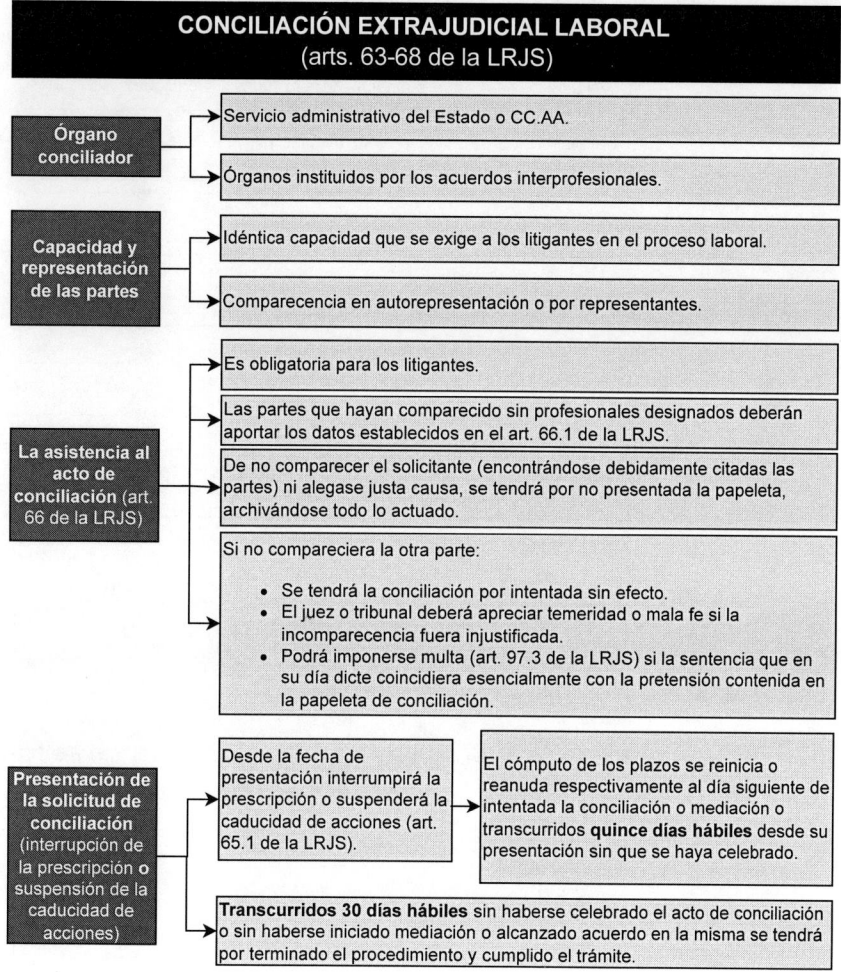

CONCILIACIÓN EXTRAJUDICIAL LABORAL
(arts. 63-68 de la LRJS)

Órgano conciliador
- Servicio administrativo del Estado o CC.AA.
- Órganos instituidos por los acuerdos interprofesionales.

Capacidad y representación de las partes
- Idéntica capacidad que se exige a los litigantes en el proceso laboral.
- Comparecencia en autorepresentación o por representantes.

La asistencia al acto de conciliación (art. 66 de la LRJS)
- Es obligatoria para los litigantes.
- Las partes que hayan comparecido sin profesionales designados deberán aportar los datos establecidos en el art. 66.1 de la LRJS.
- De no comparecer el solicitante (encontrándose debidamente citadas las partes) ni alegase justa causa, se tendrá por no presentada la papeleta, archivándose todo lo actuado.
- Si no compareciera la otra parte:
  - Se tendrá la conciliación por intentada sin efecto.
  - El juez o tribunal deberá apreciar temeridad o mala fe si la incomparecencia fuera injustificada.
  - Podrá imponerse multa (art. 97.3 de la LRJS) si la sentencia que en su día dicte coincidiera esencialmente con la pretensión contenida en la papeleta de conciliación.

Presentación de la solicitud de conciliación (interrupción de la prescripción o suspensión de la caducidad de acciones)
- Desde la fecha de presentación interrumpirá la prescripción o suspenderá la caducidad de acciones (art. 65.1 de la LRJS).
  - El cómputo de los plazos se reinicia o reanuda respectivamente al día siguiente de intentada la conciliación o mediación o transcurridos **quince días hábiles** desde su presentación sin que se haya celebrado.
- **Transcurridos 30 días hábiles** sin haberse celebrado el acto de conciliación o sin haberse iniciado mediación o alcanzado acuerdo en la misma se tendrá por terminado el procedimiento y cumplido el trámite.

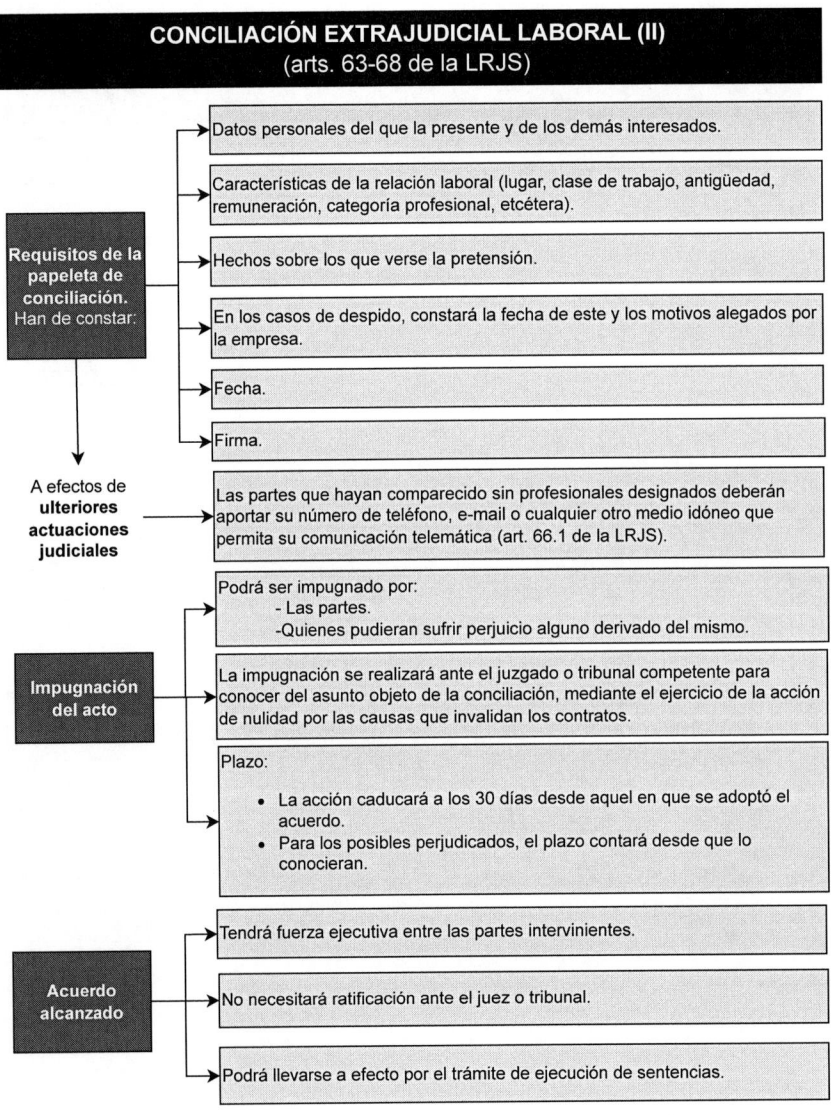

CONCILIACIÓN EXTRAJUDICIAL LABORAL (II)
(arts. 63-68 de la LRJS)

Requisitos de la papeleta de conciliación. Han de constar:

- Datos personales del que la presente y de los demás interesados.
- Características de la relación laboral (lugar, clase de trabajo, antigüedad, remuneración, categoría profesional, etcétera).
- Hechos sobre los que verse la pretensión.
- En los casos de despido, constará la fecha de este y los motivos alegados por la empresa.
- Fecha.
- Firma.

A efectos de ulteriores actuaciones judiciales

Las partes que hayan comparecido sin profesionales designados deberán aportar su número de teléfono, e-mail o cualquier otro medio idóneo que permita su comunicación telemática (art. 66.1 de la LRJS).

Impugnación del acto

- Podrá ser impugnado por:
  - Las partes.
  - Quienes pudieran sufrir perjuicio alguno derivado del mismo.
- La impugnación se realizará ante el juzgado o tribunal competente para conocer del asunto objeto de la conciliación, mediante el ejercicio de la acción de nulidad por las causas que invalidan los contratos.
- Plazo:
  - La acción caducará a los 30 días desde aquel en que se adoptó el acuerdo.
  - Para los posibles perjudicados, el plazo contará desde que lo conocieran.

Acuerdo alcanzado

- Tendrá fuerza ejecutiva entre las partes intervinientes.
- No necesitará ratificación ante el juez o tribunal.
- Podrá llevarse a efecto por el trámite de ejecución de sentencias.

CUESTIONES

1. ¿Qué cuestiones deben someterse a conciliación o mediación extrajudicial previa?

Las cuestiones que deben someterse a conciliación administrativa previa, ante el SMAC, son aquellas relacionadas con el contrato de trabajo suscrito entre empresarios privados (incluidas las empresas públicas con forma de sociedad anónima) y trabajadores relativas a:

- Despido.
- Sanciones disciplinarias.
- Reclamaciones de cantidad y reconocimiento de derechos en general.
- Clasificación profesional.
- Resoluciones de contrato a instancia del trabajador.
- Conflictos colectivos.

2. ¿Qué cuestiones están exceptuadas del requisito de conciliación o mediación extrajudicial previa?

Están exceptuados del requisito de la conciliación o mediación previa, y, por tanto, habrán de presentar, directamente, demanda ante los juzgados de lo social o sala del tribunal competente, los procesos siguientes (art. 64 de la LRJS):

- Conflictos con organismos públicos que exijan la «reclamación previa en vía administrativa» u otra forma de agotamiento de la misma.
- Los que versen sobre seguridad social.
- Los relativos a la impugnación del despido colectivo por los representantes de los trabajadores.
- Los relativos al disfrute de vacaciones (en los que no haya acuerdo entre empresa y trabajador o trabajadores sobre la fecha del disfrute de las mismas).
- Los relativos a materia electoral.
- Los de movilidad geográfica.
- Los de modificación sustancial de las condiciones de trabajo.
- Los de suspensión del contrato y reducción de jornada por causas económicas, técnicas, organizativas o de producción o derivadas de fuerza mayor.
- Procesos monitorios.
- Los derechos de conciliación de la vida personal, familiar y laboral (art. 139 de la LRJS).
- Los iniciados de oficio.
- Los de impugnación de convenios colectivos.
- Los de impugnación de los estatutos de los sindicatos o de su modificación.
- Los de tutela de los derechos fundamentales y libertades públicas.
- Los de anulación de laudos arbitrales.
- Los de impugnación de acuerdos de conciliaciones, de mediaciones y de transacciones.
- Las reclamaciones en materia de acceso, reversión y modificación del trabajo a distancia (art. 138 bis de la LRJS).
- Acciones laborales de protección contra la violencia de género.

– Igualmente, quedan exceptuados:

» Aquellos procesos en los que la representación corresponda al abogado del Estado, al letrado o letrada de la Administración de la Seguridad Social, a los representantes procesales de las comunidades autónomas o de las Administraciones locales o al letrado o letrada de las Cortes Generales.

» Los supuestos en que, en cualquier momento del proceso, después de haber dirigido la papeleta o la demanda contra personas determinadas, fuera necesario dirigir o ampliar la misma frente a personas distintas de las inicialmente demandadas.

Procedimiento de conciliación extrajudicial previa en el orden social

El intento conciliador se insta mediante la presentación de la denominada «papeleta de conciliación», acto que **interrumpe el cómputo de los plazos prescriptivos o suspenderá la caducidad** de acciones desde la fecha de dicha presentación, reiniciándose o reanudándose respectivamente el cómputo de los plazos al día siguiente de intentada la conciliación o mediación o transcurridos quince días hábiles desde su presentación sin que se haya celebrado. En todo caso, transcurrido el plazo de treinta días hábiles sin haberse celebrado el acto de conciliación o sin haberse iniciado mediación o alcanzado acuerdo en la misma se tendrá por terminado el procedimiento y cumplido el trámite (art. 65 de la LRJS).

La asistencia al acto de conciliación es obligatoria para los litigantes (art. 66.1 de la LRJS), por sí o a través de representantes (art. 10 de la LRJS).

A TENER EN CUENTA. A efectos de ulteriores actuaciones judiciales, las partes que hayan comparecido sin profesionales designados deberán aportar su número de teléfono, dirección de correo electrónico o cualquier otro medio idóneo que permita su comunicación telemática, realizándose las notificaciones desde ese momento en la dirección telemática facilitada, siempre que se cumplan los requisitos establecidos de la Ley que regule el uso de las tecnologías de la información y la comunicación en la Administración de Justicia (art. 66.1 de la LRJS).

Cuando estando debidamente citadas las partes para el acto de conciliación, **no compareciese** el solicitante ni alegase justa causa, se tendrá por no presentada la papeleta, archivándose todo lo actuado. Si, por el contrario, no compareciera la otra parte, se tendrá la conciliación por intentada sin efecto, y el juez o tribunal deberá apreciar temeridad o mala fe si la incomparecencia fuera injustificada, imponiendo la multa señalada en el art. 97.3 de la Ley de Jurisdicción Social, si la sentencia que en su día dicte coincidiera esencialmente con la pretensión contenida en la papeleta de conciliación.

Al presentar la demanda ante el juzgado de lo social deberá acompañarse de la certificación del acto de conciliación previa: de no hacerse así el juez admitirá provisionalmente la demanda advirtiendo al demandante que ha de acreditar la celebración o el intento del expresado acto en el plazo de quince días, contados a partir del día siguiente a la recepción de la notificación, bajo apercibimiento de que de no hacerse así se archivará la demanda sin más trámite.

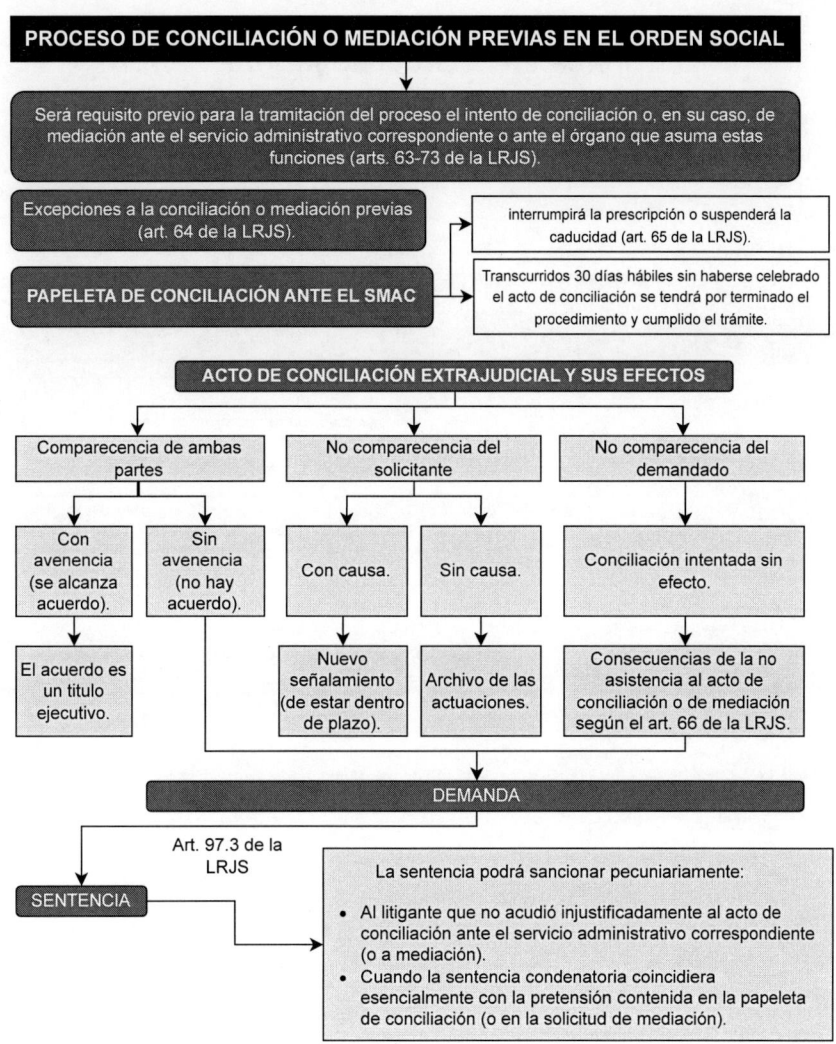

PROCESO DE CONCILIACIÓN O MEDIACIÓN PREVIAS EN EL ORDEN SOCIAL

Será requisito previo para la tramitación del proceso el intento de conciliación o, en su caso, de mediación ante el servicio administrativo correspondiente o ante el órgano que asuma estas funciones (arts. 63-73 de la LRJS).

Excepciones a la conciliación o mediación previas (art. 64 de la LRJS).

interrumpirá la prescripción o suspenderá la caducidad (art. 65 de la LRJS).

PAPELETA DE CONCILIACIÓN ANTE EL SMAC

Transcurridos 30 días hábiles sin haberse celebrado el acto de conciliación se tendrá por terminado el procedimiento y cumplido el trámite.

ACTO DE CONCILIACIÓN EXTRAJUDICIAL Y SUS EFECTOS

Comparecencia de ambas partes

No comparecencia del solicitante

No comparecencia del demandado

Con avenencia (se alcanza acuerdo).

Sin avenencia (no hay acuerdo).

Con causa.

Sin causa.

Conciliación intentada sin efecto.

El acuerdo es un título ejecutivo.

Nuevo señalamiento (de estar dentro de plazo).

Archivo de las actuaciones.

Consecuencias de la no asistencia al acto de conciliación o de mediación según el art. 66 de la LRJS.

DEMANDA

Art. 97.3 de la LRJS

SENTENCIA

La sentencia podrá sancionar pecuniariamente:

- Al litigante que no acudió injustificadamente al acto de conciliación ante el servicio administrativo correspondiente (o a mediación).
- Cuando la sentencia condenatoria coincidiera esencialmente con la pretensión contenida en la papeleta de conciliación (o en la solicitud de mediación).

Lo acordado en conciliación o en mediación constituirá título para iniciar acciones ejecutivas sin necesidad de ratificación ante el juez o tribunal, y podrá llevarse a efecto por los trámites previstos en el libro cuarto de la Ley de jurisdicción social donde se contemplan las normas relativas a la ejecución de sentencias. (Art. 68.1 de la LRJS).

Efectos de la conciliación extrajudicial previa en el proceso laboral

Según las **circunstancias concurrentes**, los efectos son distintos:

EFECTOS DE LA CONCILIACIÓN PREVIA EN EL ORDEN SOCIAL
(arts. 65 y 66 de la LJS)

SI NO SE PRESENTA EL SOLICITANTE	Sin justa causa o justificación.	Archivo. Se tiene por no presentado.
	Justa causa. → Nuevo señalamiento.	De existir plazo por no haber transcurrido los 15-30 días, según el caso, se citará a un nuevo acto de conciliación.
SI NO SE PRESENTA NINGUNA DE LAS PARTES		Archivo. Se tiene por no presentado.
SI COMPARECE EL DEMANDANTE, PERO NO EL DEMANDADO	Se tiene el acto por intentado sin efecto.	El demandante puede plantear su demanda judicial.
SI COMPARECEN AMBAS PARTES, PERO NO SE ALCANZA UN ACUERDO	Se tiene el acto por celebrado sin avenencia.	El demandante puede plantear su demanda judicial.
SI LAS PARTES COMPARECEN Y LLEGAN A UN ACUERDO	El acto de conciliación se da por celebrado.	El acuerdo alcanzado constituye título ejecutivo que se llevará a efecto por los órganos jurisdiccionales sociales.

JURISPRUDENCIA

STS, rec. 1019/2019, de 15 de noviembre de 2022, ECLI:ES:TS:2022:4128

Un parte emitido por un médico no justifica causa excepcional para evitar las repercusiones de que el demandante no acuda al acto de conciliación. La mera alegación de una causa o motivo justificado no lleva ipso iure a la suspensión del juicio, por el contrario, la realidad de lo expresado «ha de ser adverada, con eficacia probatoria y fuerza de convicción suficiente para llevar al ánimo del juzgador la veracidad de la circunstancia impeditiva de la asistencia». En todo caso es al órgano judicial «a quien corresponde apreciar la concurrencia de las circunstancias imposibilitantes de la comparecencia para acordar la suspensión del juicio».

Impugnación del acuerdo de conciliación o de mediación

El acuerdo de conciliación o de mediación podrá ser impugnado por las partes y por quienes pudieran sufrir perjuicio por aquel, ante el juzgado o tribunal al que hubiera correspondido el conocimiento del asunto objeto de la conciliación o de la mediación, mediante el ejercicio por las partes de la acción de nulidad por las causas que invalidan los contratos o por los posibles perjudicados con fundamento en su ilegalidad o lesividad (art. 67 de la LRJS).

La acción caducará a los treinta días hábiles, excluidos los sábados, domingos y festivos, siguientes a aquel en que se adoptó el acuerdo. Para los posibles perjudicados el plazo contará desde que lo pudieran haber conocido.

3.2. Agotamiento de la vía administrativa previa a la vía judicial social

Hasta la reforma realizada por la Ley 39/2015, de 1 de octubre, del Procedimiento Administrativo Común de las Administraciones Públicas (LPAC), la reclamación previa era el requisito previo exigido en los casos en que la Administración pública actuaba en el marco del derecho laboral, esto es, en su condición de empleadora, en tanto que el agotamiento de la vía previa se exigía para los actos de la Administración sometidos al derecho administrativo.

De esta forma, siguiendo la actual redacción del artículo 69 de la LRJS, las demandas fundadas en derecho laboral planteadas frente a la Administración pública deben interponerse directamente ante los órganos de la jurisdicción social, sin necesidad de cumplimentar reclamación previa, con la sola excepción de las demandas sobre prestaciones de Seguridad Social. En este sentido, el único requisito de procedibilidad será agotar la vía administrativa previa cuando sea necesario conforme a la normativa del procedimiento administrativo aplicable:

«1. Para poder demandar al Estado, comunidades autónomas, entidades locales o entidades de derecho público con personalidad jurídica propia vinculadas o dependientes de los mismos será requisito necesario haber agotado la vía administrativa, cuando así proceda, de acuerdo con lo establecido en la normativa de procedimiento administrativo aplicable».

Es decir, la Ley 39/2015, de 1 de octubre, suprimió la reclamación administrativa previa y la sustituyó, salvo en el régimen prestacional de Seguridad Social, por la necesidad de agotamiento de la vía administrativa en los casos que la normativa específica así lo prevea.

El art. 70 de la LRJS fija **excepciones** al agotamiento de la vía administrativa: «No será necesario agotar la vía administrativa para interponer demanda de tutela de derechos fundamentales y libertades públicas frente a actos de las Administraciones públicas en el ejercicio de sus potestades en materia laboral y sindical, si bien el plazo para la interposición de la demanda será de veinte días desde el día siguiente a la notificación del acto o al transcurso del plazo fijado para la resolución, sin más trámites; cuando la lesión del derecho fundamental tuviera su origen en la inactividad administrativa o en actuación en vías de hecho, o se hubiera interpuesto potestativamente un recurso administrativo, el plazo de veinte días se iniciará transcurridos veinte días desde la reclamación contra la inactividad o vía de hecho, o desde la presentación del recurso, respectivamente».

4.
ACTUACIONES Y DILIGENCIAS PRELIMINARES AL PROCEDIMIENTO LABORAL ORDINARIO

Los actos preparatorios son actos potestativos, por lo que su omisión no impide el posterior inicio del proceso.

Contra la resolución judicial denegando la práctica de estas diligencias no cabrá recurso alguno, sin perjuicio del que en su día pueda interponerse contra la sentencia (arts. 76-79 de la LRJS).

Actos preparatorios (Peticiones que puede hacer el demandante, antes de la demanda, para facilitar el proceso).	Declaración	De quien va a ser demandado, sobre algún hecho relativo a su personalidad necesario para entrar en juicio.	
	Examen de testigos	Cuando se presuma la imposibilidad de una declaración testifical posterior por cualquier motivo grave y justificado (edad avanzada, peligro de vida, ausencia…).	
	Examen de libros, cuentas y documentos	Que resulten imprescindibles para fundamentar la demanda.	
		Documentos contables	Podrá acudirse asesorado por un experto en la materia (a cargo de quien solicite sus servicios).
El órgano judicial resolverá por auto, dentro del segundo día, lo que estime procedente, adoptando, en su caso, las medidas necesarias para que el examen se lleve a efecto sin que la documentación salga del poder de su titular.			

Medidas precautorias (Intentan garantizar los resultados del proceso, una vez presentada la demanda).	**Práctica anticipada de pruebas**	Podrá solicitarse al órgano judicial cuando no puedan realizarse en el acto del juicio o cuando su realización presente graves dificultades en ese momento.
		Contra la resolución denegatoria no cabrá recurso alguno, sin perjuicio del que, por este motivo, pueda interponerse en su día contra la sentencia.
	Embargo preventivo de bienes	Podrá ser decretado por el órgano judicial de oficio o a instancia de parte o del FOGASA, cuando se presuma que el demandado pretende situarse como insolvente.
		La cuantía será la suficiente para cubrir lo reclamado en la demanda y lo que se calcule para las costas de ejecución.
		La solicitud podrá ser presentada en cualquier momento del proceso antes de la sentencia, sin que por eso se suspenda el curso de las actuaciones.

4.1. Convocatoria, citación y comparecencia de las partes en el orden social

De ser admitida la demanda, una vez verificada la concurrencia de los requisitos exigidos, en la misma resolución de admisión a trámite el LAJ señalará el día y la hora en que hayan de tener lugar, separada o sucesivamente, los actos de conciliación y de juicio, debiendo mediar un **mínimo de diez días entre la citación y la efectiva celebración de dichos actos**, salvo en los supuestos en que la ley disponga otro distinto y en los supuestos de nuevo señalamiento después de una suspensión (art. 82 de la LRJS, **con efectos de 03/04/2025**).

La celebración de los actos de conciliación y juicio, el primero ante el LAJ y el segundo ante el juez, la jueza, el magistrado o la magistrada **podrá tener lugar en distinta convocatoria**, debiendo hacerse a este efecto la citación en forma, con entrega a los demandados, a los interesados y, en su caso, al Ministerio Fiscal, de copia de la demanda y demás documentos; así como requiriendo de la Administración pública la remisión del expediente administrativo, cuando proceda, **dentro de los diez días siguientes a la notificación.**

El **señalamiento del acto de conciliación en convocatoria separada y anticipada a la fecha del juicio** podrá establecerse a instancia de cualquiera de las partes, si estimaran razonadamente que existe la posibilidad de llegar a un acuerdo conciliatorio, o de oficio por el letrado o la letrada de la Administración de Justicia si entendiera que, por la naturaleza y circunstancias del litigio o por la solución dada judicialmente en casos análogos, pudiera ser factible que las partes alcanzaran un acuerdo.

- El acto de conciliación anticipada se celebrará a partir de los diez días desde la admisión de la demanda, y en todo caso con una antelación mínima de treinta días a la celebración del acto del juicio, salvo los supuestos fijados en esta ley.

- También en el señalamiento del acto de conciliación anticipada se procurará fijar para un mismo día los procedimientos que se refieran a los mismos interesados y no puedan ser acumulados.

- Intentada la conciliación anticipada ante el letrado o la letrada de la Administración de Justicia, se tendrá por celebrada sin necesidad de reiterarse el día de la vista, salvo que con anterioridad a la celebración del acto de juicio las partes manifiesten su intención de alcanzar un acuerdo.

En las cédulas de citación se consignará que :

- Los actos de conciliación y juicio no podrán suspenderse por incomparecencia del demandado, salvo causas justificadas y en los supuestos legalmente previstos. También

- Los litigantes han de concurrir al juicio con todos los medios de prueba de que intenten valerse y que podrán formalizar, sin esperar a la fecha del señalamiento, conciliación en evitación del juicio, por medio de comparecencia ante la Oficina judicial o en los términos previstos en el apartado 1 del art. 84 de la LRJS.

> **A TENER EN CUENTA.** Los litigantes podrán someter la cuestión litigiosa a los procedimientos de mediación que pudieran estar constituidos de acuerdo con lo dispuesto en el artículo 63, adoptando las medidas oportunas a tal fin sin que ello dé lugar a la suspensión de la comparecencia, salvo que de común acuerdo lo soliciten ambas partes justificando la sumisión a la mediación, y por el tiempo máximo establecido en el procedimiento correspondiente, que en todo caso no podrá exceder de quince días.

- El previo traslado entre las partes o la aportación anticipada, con diez días de antelación al acto de juicio, de la prueba documental o pericial de que intenten valerse.

A los **procesos seguidos sin que haya comparecido el demandado**, les serán de aplicación las normas contenidas en el título V del libro II de la Ley de Enjuiciamiento Civil, con las especialidades siguientes (art. 185 de la LRJS):

- No será necesaria la declaración de rebeldía del demandado que, citado en forma, no comparezca al juicio.

- A petición del demandante se podrá decretar el embargo de bienes muebles e inmuebles u otras medidas cautelares en lo necesario para asegurar el suplico.

- El plazo para solicitar la audiencia será de veinte días desde la notificación personal de la sentencia o desde que conste el conocimiento procesal o extraprocesal de la misma y en todo caso de cuatro meses desde la notificación de la sentencia en el boletín oficial correspondiente (art. 507.1 de la Ley de Enjuiciamiento Civil).

- La petición de audiencia se formulará ante el órgano judicial que hubiere dictado la sentencia firme que se pretende rescindir.

- La audiencia al demandado se sustanciará ante el órgano que conoció del litigio en instancia.

- En ambos supuestos se seguirán los trámites del proceso ordinario regulado en la Ley de Jurisdicción Social (art. 504.2 de la LEC y regla 3.ª del apdo. 1 del art. 507 de la Ley de Enjuiciamiento Civil, con exclusión de los trámites de las reglas 1.ª y 2.ª del apartado 1 del citado artículo).

- La pretensión de nulidad de la sentencia o resolución firme por defectos de forma que hayan causado indefensión deberá plantearse, de concurrir los presupuestos para ello, por la vía del incidente de nulidad de actuaciones (art. 241 de la Ley Orgánica del Poder Judicial).

4.2. Anticipación y aseguramiento de la prueba en el orden social

La práctica de la **prueba anticipada** viene regulada en el art. 78 de la Ley de la Jurisdicción Social.

Quien pretenda presentar una demanda o quien prevea que va a ser demandado, podrá solicitar previamente al juez o tribunal, la práctica anticipada de algún medio de prueba cuando exista el temor fundado de que no va a poder realizarse en el momento procesal generalmente previsto, o cuando su realización vaya a presentar graves dificultades.

Se incluye de igual manera, el examen de testigos que por su avanzada edad, exista peligro de muerte inminente, proximidad de una ausencia o estancia en un lugar con el que sean imposibles o difíciles las comunicaciones o cualquier otro motivo grave y justificado, que sea presumible que no va a ser posible mantener su derecho por falta de justificación.

Una vez se inicie el proceso, cualquiera de las partes podrá solicitar la práctica anticipada de pruebas, sin que quede en suspenso el acto del juicio, cuando no vayan a poder ser realizadas en el mismo o presente graves dificultades.

El juez o tribunal decidirá lo pertinente para su práctica, teniendo en cuenta lo establecido para estos casos en los arts. 293-298 de la LEC.

Contra la resolución que se dicte, de ser denegatoria, no cabrá recurso alguno, sin perjuicio del que se pueda interponer en su día contra la sentencia que sea dictada.

El art. 295 de la LEC señala que cuando la prueba anticipada se solicite y se acuerde practicar antes del inicio del proceso, el solicitante designará la persona o personas a las que se proponga demandar, y serán citadas, con al menos cinco días de antelación, para que puedan tener en la práctica de la actuación probatoria la intervención que la ley le prevea.

Ahora bien, no se otorgará valor probatorio a lo actuado, si la demanda no se interpusiere en el plazo de dos meses desde que la prueba anticipada se practicó, salvo que se acreditare que, por fuerza mayor u otra causa de análoga entidad, no pudo iniciarse el proceso dentro de dicho plazo.

Todos los materiales que sirvan para llevar a cabo la práctica de la prueba anticipada quedarán bajo la custodia del letrado de la Administración de Justicia del tribunal que corresponda.

Artículo 297 de la LEC

«Antes de la iniciación de cualquier proceso, el que pretenda incoarlo o cualquiera de los litigantes durante el curso del mismo, podrá pedir del tribunal la adopción, mediante providencia, de medidas de aseguramiento útiles para evitar que, por conductas humanas o acontecimientos naturales, que puedan destruir o alterar objetos materiales o estados de cosas, resulte imposible en su momento practicar una prueba relevante o incluso carezca de sentido proponerla».

En cuanto a los documentos, quien pretenda demandar o quien prevea que va a ser demandado podrá solicitar, al órgano judicial, el examen de libros, cuentas o consulta de documentos que considera imprescindibles para fundamentar su demanda u oposición a la misma.

Cuando se trate de documentos contables, la persona que solicite su exhibición podrá acudir con un experto en la materia que, en todo caso, deberá guardar secreto de ello. Las costas del asesoramiento de este experto serán de cargo de la persona que lo solicite.

Una vez se realice la solicitud de la exhibición de estos documentos, el órgano judicial resolverá por medio de auto, dentro de los dos días siguientes, lo que estime procedente, adoptando, en su caso, las medidas oportunas para que el examen se realice de la forma menos gravosa y sin que la documentación salga del poder de su titular, por ello, se podrá solicitar una copia de los mismos.

Estas medidas también podrán ser solicitadas por las partes durante el proceso con la antelación de al menos cinco días a la fecha del juicio, para las que requieran de citación o requerimiento, salvo cuando el señalamiento se deba efectuar con antelación menor, en cuyo caso el plazo será de tres días.

4.3. Medidas cautelares en el proceso laboral

Por lo que respecta a las medidas cautelares, el art. 79 de la Ley de la Jurisdicción Social establece el régimen aplicable a las mismas. Además, se deberá tener en cuenta lo previsto en la LEC para estas (arts. 721-747 de la LEC).

Cuando el proceso verse sobre la impugnación de actos de Administraciones públicas en materia laboral y de seguridad social, para adoptar medidas cautelares se deberá tener en cuenta, en lo que no prevea la LRJS, la Ley de la Jurisdicción Contenciosa-Administrativa (arts. 129-136 de la Ley 29/1998, de 13 de julio).

Estarán exentos de prestar caución, garantías o indemnizaciones relacionadas con las medidas cautelares que se adoptaran, los trabajadores y beneficiarios de prestaciones de Seguridad Social, sindicatos, en cuanto ostentan la representación colectiva de sus intereses, y las asociaciones representativas de los trabajadores autónomos.

Riesgo para la seguridad y salud

En procedimientos referidos a las resoluciones de la autoridad laboral sobre paralización de trabajos por riesgo para la seguridad y salud de los trabajadores, así como en caso de responsabilidad empresarial sobre enfermedades profesionales por falta de reconocimientos médicos, podrán adoptarse las medidas señaladas en el apartado cinco del art. 79 de la LRJS, a efectos del aseguramiento de las responsabilidades empresariales derivadas (art. 242 y apdo. 2.º del art. 244 de la LGSS).

Extinción del contrato de trabajo a instancia del trabajador

En los procesos en los que se ejercite la acción de extinción del contrato de trabajo a instancia del trabajador, en aquellos casos en los que se justifique que la conducta empresarial perjudica la dignidad o la integridad física o moral de trabajador y que pueda comportar una posible vulneración de sus demás derechos fundamentales o libertades públicas o posibles consecuencias de tal gravedad que pudieran hacer inexigible la continuidad de la prestación en su forma anterior, podrá acordarse, a instancia del demandante, alguna de las medidas cautelares contempladas en el apartado cuarto del art. 180.4 del LRJS, con mantenimiento del deber empresarial de cotizar y de abonar los salarios sin perjuicio de lo que pueda resolverse en la sentencia.

Estas son:

- Suspensión de la relación o la exoneración de prestación de servicios.
- Traslado de puesto o de centro de trabajo.

- Reordenación o reducción del tiempo de trabajo.
- Cuantas otras tiendan a preservar la efectividad de la sentencia que pudiera dictarse.

Embargo preventivo en el proceso laboral

Se podrá decretar el embargo preventivo de bienes del demandado en cuantía suficiente para cubrir lo reclamado en la demanda y lo que se calcule para las costas, cuando así lo decrete de oficio el órgano judicial o lo solicite la parte interesada o el Fondo de Garantía Salarial, cuando el demandado realice actos de los que pueda presumirse que quiere situarse en una situación de insolvencia o impedir la efectividad de la sentencia (art. 79 de la LRJS).

El órgano judicial, en la audiencia, podrá solicitar al solicitante del embargo, para que presente documentos, información testifical o cualquier otra prueba que justifique la situación alegada. En los casos en que pueda derivarse responsabilidad del Fondo de Garantía Salarial, este deberá ser citado a fin de señalar bienes.

La solicitud del embargo no producirá la suspensión del proceso y podrá ser solicitado antes de que recaiga sentencia.

En reclamaciones derivadas de accidente de trabajo y enfermedad profesional, además de estas medidas anteriores, podrán acordarse las medidas señaladas en el apartado primero del art. 142 del LRJS, así como el embargo preventivo.

5.
LA DEMANDA EN EL PROCESO LABORAL ORDINARIO

La demanda se formulará por escrito, pudiendo utilizar los formularios y procedimientos facilitados al efecto en la oficina judicial donde deba presentarse, y habrá de contener los requisitos generales citados en el art. 80 de la LRJS y 231 de la LOPJ.

El escrito de demanda deberá contener:

- **Designación del órgano** ante el que se presente, y modalidad procesal por la que se entienda que debe ser enjuiciado el hecho.

- **Designación del demandante,** con expresión del número del documento nacional de identidad o del número de documento de identificación de los ciudadanos extranjeros, y de aquellos otros interesados que deban ser llamados al proceso y sus domicilios, indicando el nombre y apellidos de las personas físicas y denominación de las personas jurídicas. Si la demanda se dirigiese contra una masa patrimonial, patrimonio separado, entidad o grupo carente de personalidad, además de identificarlos suficientemente, habrá de hacerse constar el nombre y apellidos de quienes aparezcan como administradores, organizadores, directores, gestores, socios o partícipes, y sus domicilios, sin perjuicio de las responsabilidades legales de la masa patrimonial, entidad o grupo y de sus gestores e integrantes (art. 16 de LRJS).

- **Enumeración clara y concisa de los hechos.** No se podrán alegar hechos distintos de los señalados en la conciliación o mediación ni introducirse variaciones respecto de la reclamación administrativa previa, salvo los hechos nuevos o que no hubieran podido conocerse con anterioridad. No obstante, «(...) la fundamentación jurídica no es exigible en el proceso laboral ordinario». (STS, rec. 1393/2004, de 18 de julio de 2005, ECLI:ES:TS:2005:4871).

- **Súplica** correspondiente.

- **Si el demandante litigase por sí mismo,** designará un domicilio, de ser posible en la localidad donde resida el juzgado o tribunal, en el que se practicarán todas las diligencias que hayan de entenderse con él. La designación deberá efectuarse con indicación completa de todos los datos de identificación del domicilio facilitado, así como número de fax, teléfono y dirección electrónica si dispone de ellos, para la práctica de toda clase de comunicaciones por dichos medios.

- **Si designa letrado, graduado social colegiado o procurador** deberá ir suscrita por el profesional, que se entenderá asume su representación con plenas facultades procesales y facilitará los mismos datos anteriores, sin perjuicio de la ratificación posterior en juicio del demandante salvo que con anterioridad otorgue poder en forma, por alguno de los medios admitidos en derecho o que, con posterioridad, se efectúe revocación o renuncia comunicada de forma efectiva.

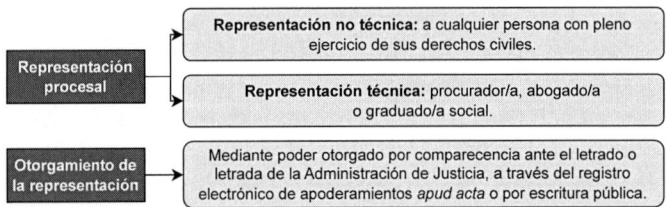

REPRESENTACIÓN Y DEFENSA EN EL PROCESO LABORAL

Arts. 18 al 21 de la LRJS.

- Con **carácter general**, las partes pueden comparecer por sí mismas y defenderse en instancia.

- **Excepción**:

  - En el recurso de suplicación será preceptiva la defensa de abogado o la representación técnica por graduado social.
  - En el recurso de casación y en las actuaciones procesales ante el Tribunal Supremo será preceptiva la defensa de abogado.

- Cuando las partes confían su **representación** a otra persona:

Representación procesal
→ **Representación no técnica:** a cualquier persona con pleno ejercicio de sus derechos civiles.
→ **Representación técnica:** procurador/a, abogado/a o graduado/a social.

Otorgamiento de la representación
→ Mediante poder otorgado por comparecencia ante el letrado o letrada de la Administración de Justicia, a través del registro electrónico de apoderamientos *apud acta* o por escritura pública.

- **Expresión de la modalidad procesal a través de la cual deba enjuiciarse la pretensión.** (STS, rec. 3012/2010, de 17 de marzo de 2011, ECLI:ES:TS:2011:1940).

- **Fecha y firma.**

Junto con la demanda también **es obligatorio presentar la documentación justificativa de** haber intentado la previa conciliación o mediación, o de haber transcurrido el plazo previsto para su realización y no haberse realizado, o del agotamiento de la vía administrativa, y como los restantes documentos de aportación preceptiva con la demanda según la modalidad procesal aplicable.

CUESTIÓN

Después de presentada la demanda y antes de celebrarse el juicio, ¿cabe presentar escritos de ampliación de la demanda?

La única norma que prohíbe la variación sustancial de la demanda es el art. 85.1 de la LRJS, que dispone que en el acto del juicio el demandante ratificará o ampliará su demanda, «aunque en ningún caso podrá hacer en ella variación sustancia». Es decir, con carácter general, el mismo día del juicio nunca se podrá realizar ninguna variación o modificar de manera sustancial la demanda. (STS, rec. 3839/2011, de 15 de noviembre de 2012, ECLI:ES:TS:2012:8246, STSJ de Madrid n.º 1151/2022, de 23 de diciembre de 2022, ECLI:ES:TSJM:2022:15114, STS n.º 264/2022, de 25 de marzo de 2022, ECLI:ES:TS:2022:1229, y STS, rec. 179/2021, de 27 de abril de 2022, ECLI:ES:TS:2022:1663.

Recientemente, la STS n.º 1306/2024, de 2 de diciembre, ECLI:ES:TS:2024:5971, y la STS n.º 49/2025 de 23 de enero. ECLI:ES:TS:2025:158, establece que «(...) lo importante es no causar indefensión a la empresa, por lo que si se incluyen hechos nuevos en una demanda o en una posible ampliación de demanda antes del juicio oral del cual se da traslado a la empresa antes de la vista, la empresa podrá aportar los medios de prueba que necesite para su defensa sin causarle indefensión».

5.1. Forma y contenido de la demanda

La demanda en el proceso laboral ordinario debe seguir los requisitos, forma y contenido regulados, entre otros, en los arts. 80-82 de la LRJS.

5.1.1. Presentación e idioma

Una vez celebrado o intentado el acto de conciliación sin avenencia, el trabajador deberá presentar la correspondiente demanda ante el juzgado de lo social. Será necesario aportar con la demanda, el justificante del resultado del acto de conciliación (acta de conciliación) o la copia de la reclamación previa, en su caso.

El trabajador podrá efectuar la demanda solo o asesorado o representado por un abogado, procurador, graduado social o sindicato, en su caso. Con carácter general, el juzgado competente será aquel correspondiente al lugar de la prestación de los servicios o el del domicilio del demandado, a elección del demandante (**STS, rec. 31/2012, de 1 de octubre de 2013, ECLI:ES:TS:2013:6576**).

A TENER EN CUENTA. Por la reforma realizada por la LO 1/2025, de 2 de enero, una vez implantados de forma efectiva los tribunales de instancia (D.T. 1.ª), todas las referencias realizadas a los juzgados unipersonales se entenderán realizadas a las secciones del orden jurisdiccional correspondiente de los tribunales de instancia.

Como norma general, el **idioma de presentación** de la demanda será el castellano, lengua oficial del Estado, pero teniendo en cuenta la oficialidad de las lenguas de algunas CC. AA., las actuaciones judiciales realizadas y los documentos presentados en el idioma oficial de una comunidad autónoma tendrán, sin necesidad de traducción al castellano, plena validez y eficacia. De oficio, se procederá a su traducción cuando deban surtir efecto fuera de la jurisdicción de los órganos judiciales sitos en la comunidad autónoma, salvo si se trata de comunidades autónomas con lengua oficial propia coincidente. También se procederá a su traducción cuando así lo dispongan las leyes o a instancia de parte que alegue indefensión.

Dado que la LRJS no exige expresamente que el escrito deba ser presentado en castellano o en la lengua oficial de la CC. AA. donde se realicen las actuaciones judiciales, parece obvio que ha de ser admitido cualquier escrito presentado en cualquier lengua oficial (apdo. 3 del art. 231 de la LOPJ y art. 142 de la Ley de Enjuiciamiento Civil).

> **A TENER EN CUENTA**. Cuando alguna persona que no conozca el castellano ni, en su caso, la lengua oficial propia de la comunidad, hubiese de ser interrogada o prestar alguna declaración, o cuando fuere preciso darle a conocer personalmente alguna resolución, el letrado de la Administración de Justicia, por medio de decreto, podrá habilitar como intérprete a cualquier persona conocedora de la lengua de que se trate, exigiéndosele juramento o promesa de fiel traducción (apdo. 1 del art. 143 de la LEC).

Dicha traducción podrá ser hecha privadamente y, en tal caso, si alguna de las partes la impugnare dentro de los cinco días siguientes desde el traslado, manifestando que no la tiene por fiel y exacta y expresando las razones de la discrepancia, el letrado de la Administración de Justicia ordenará, respecto de la parte que exista discrepancia, la traducción oficial del documento a costa de quien lo hubiese presentado (apdo. 2 del art. 144 de la LEC).

5.1.2. Designación del órgano jurisdiccional en la demanda laboral

En la formulación del escrito de la demanda, aparece la «designación del órgano ante quien se presente» como uno de los requisitos de obligado cumplimiento (apdo. 1 del art. 80 de la LRJS).

El proceso laboral ordinario suele canalizarse a través de los juzgados de lo social (JS), sin menoscabo de determinadas materias en las que la Sala de lo Social de la Audiencia Nacional (AN) o los sociales superiores de justicia (TSJ) están designados como órganos de instancia. Por la reforma realizada por la LO 1/2025, de 2 de enero, una vez implantados de forma efectiva los **tribunales de instancia** (D.T. 1.ª), todas las referencias realizadas a los juzgados unipersonales se entenderán realizadas a las secciones del orden jurisdiccional correspondiente de los tribunales de instancia

> **A TENER EN CUENTA**. En la interposición del recurso de revisión, el Tribunal Supremo (TS) tiene potestad para actuar como órgano receptor de las demandas.

El art. 10 de la LRJS establece, con carácter general, como **juzgado competente** el del **lugar de prestación de los servicios o el del domicilio del demandado, a elección del demandante.**

Si los servicios se prestaran en lugares de distintas circunscripciones territoriales, el trabajador podrá elegir entre aquel en que tenga su domicilio, el del lugar donde se hubiera formalizado el contrato, si hallándose en él, el demandado pudiera ser citado, o el del domicilio del demandado.

En el caso de que sean varios los demandados y se optare por el fuero del domicilio, el actor podrá elegir el de cualquiera de los demandados.

En las demandas contra las Administraciones públicas empleadoras será juzgado competente el del lugar de prestación de los servicios o el del domicilio del demandante, a elección de este, salvo para los trabajadores que presten servicios en el extranjero, que será juzgado competente el del domicilio de la Administración pública demandada.

En los procesos que se indican en los párrafos siguientes será, en cada caso, **juzgado competente**:

a) En los que versen sobre **materias de prestaciones de Seguridad Social** o materia de **intermediación laboral**, en los conflictos que surjan entre los trabajadores y los servicios públicos de empleo, las agencias de colocación autorizadas y otras entidades colaboradoras de aquellos y entre estas últimas entidades y el servicio público de empleo correspondiente [letras o) y p) del art. 2 de la LRJS], aquel en cuya circunscripción se haya producido la resolución originaria, expresa o presunta, o la actuación impugnada en el proceso, o, a elección del demandante, el juzgado de su domicilio, si bien, cuando el recurso tenga por objeto actos de las Administraciones de las comunidades autónomas o de las entidades de la Administración local, la elección se entenderá limitada a los juzgados comprendidos dentro de la circunscripción de la sala de lo social del social superior de justicia en que tenga su sede el órgano que hubiere dictado el acto originario impugnado.

b) En los que versen sobre materias referidas a sistemas **de mejoras de la acción protectora de la Seguridad Social o asociados y las mutualidades** [letras q) y r) del art. 2 de la LRJS], el del domicilio del demandado o el del demandante, a elección de este. En los procesos entre mutualidades de previsión regirá, en todo caso, el fuero de la parte demandada.

c) En los de reclamación de **salarios de tramitación frente al Estado**, conocerá el juzgado que dictó la sentencia de despido.

d) En los que versen sobre materias referidas a **constitución y reconocimiento de la personalidad jurídica de los sindicatos, impugnación de sus estatutos y su modificación** o **constitución y reconocimiento de la personalidad jurídica de las asociaciones empresariales** [letras j) y l) del art. 2 de la LRJS], el de la sede del sindicato o de la asociación empresarial.

e) En los que versen sobre la materia referida a régimen jurídico específico de los **sindicatos o responsabilidad de los sindicatos y de las asociaciones empresariales** por infracción de normas de la rama social del derecho [letras k) y m) del art. 2 de la LRJS], el del lugar en que se produzcan los efectos del acto o actos que dieron lugar al proceso.

f) En los que versen sobre **tutela de los derechos de libertad sindical, huelga y demás derechos fundamentales y libertades públicas** [letra f) del art. 2 de la LRJS], el del lugar donde se produjo o, en su caso, al que se extiendan los efectos de la lesión, o las decisiones o actuaciones respecto de las que se demanda la tutela.

g) En los **procesos electorales** [letra i) del art. 2 de la LRJS], el del lugar en cuya circunscripción esté situada la empresa o centro de trabajo. Si los centros están situados en municipios distintos, en que ejerzan jurisdicción juzgados diferentes, con unidad de comité de empresa o de órgano de representación del personal al servicio de las Administraciones públicas, el del lugar en que inicialmente hubiera de constituirse o se hubiera constituido la mesa electoral. Cuando se trate de impugnación de la resolución administrativa que deniegue el registro de las actas electorales o las relativas a expedición de certificaciones de la capacidad representativa de los sindicatos o de los resultados electorales, la competencia corresponderá al juzgado de lo social en cuya circunscripción se encuentre la oficina pública correspondiente.

h) En los de **impugnación de convenios colectivos o laudos sustitutivos de aquellos y en los de conflictos colectivos** [letras h) y g) del art. 2 de la LRJS], el de la circunscripción a que se refiera el ámbito de aplicación del convenio o laudo impugnado, o en que se produzcan los efectos del conflicto, respectivamente. En las acciones de impugnación y recursos judiciales de impugnación de los restantes tipos de laudos arbitrales cuyo conocimiento corresponda al orden social, el de la circunscripción del juzgado al que le hubiera correspondido, en su caso, el conocimiento del asunto sometido a arbitraje.

En los procesos de impugnación de actos de Administraciones públicas no comprendidos en los puntos anteriores y atribuidos a los juzgados de lo social, la competencia territorial de los mismos se determinará conforme a las siguientes reglas:

a) Con carácter general, será competente el juzgado en cuya circunscripción tenga su sede el órgano que hubiera dictado el acto originario impugnado.

b) En la impugnación de actos que tengan un destinatario individual, a elección del demandante, podrá interponerse la demanda ante el juzgado del domicilio de este, si bien, cuando el recurso tenga por objeto actos de las Administraciones de las comunidades autónomas o de las entidades de la Administración local, la elección se entenderá condicionada a que el juzgado del domicilio esté comprendido dentro de la circunscripción de la sala de lo social del social superior de justicia en que tenga su sede el órgano que hubiera dictado el acto originario impugnado. Si el acto afectase a una pluralidad de destinatarios, se aplicará la regla general.

A TENER EN CUENTA. Una vez que los tribunales de instancia se constituyan (31 de diciembre de 2025, conforme a la D.T 1.ª de la Ley Orgánica 1/2025, de 2 de enero), las menciones a juzgados o jueces de lo social deberán entenderse referidas a Tribunales de instancia. Y las referencias a órganos unipersonales deberán entenderse referidas a las secciones (D.T 1.ª de la Ley Orgánica 1/2025, de 2 de enero).

5.1.3. Designación de los demandados y otros interesados en el escrito de demanda en el orden social

Son partes propiamente dichas, aquellas personas físicas o jurídicas o entidades asimiladas legalmente a efectos procedimentales a las que afecta directa e inmediatamente la parte dispositiva de una sentencia, y son simplemente interesadas, aquellas personas que pueden tener interés respecto al sentido que se dé a una controversia, aunque queden inmediatamente afectados por ella. La Ley de Jurisdicción Social distingue entre demandados e interesados. Con relación a los interesados que pueden comparecer en el juicio, la ley distingue supuestos en que no es preciso convocarlos expresamente, arts. 23, 140, 153 y 175 de la LRJS y otros en que necesariamente han de ser citados a juicio (arts. 23, 162, 165, 171 y 175 de la LRJS).

A la hora de designar como demandados o parte interesada, ha de tenerse en cuenta:

- No pueden ser demandados **nombres comerciales, marcas o rótulos de establecimientos**.

- En la demanda dirigida contra un **grupo carente de personalidad jurídica,** habrá de hacerse constar el nombre y apellidos de quienes aparezcan como administradores, organizadores, directores, gestores, socios o partícipes, y sus domicilios, sin perjuicio de las responsabilidades legales de la masa patrimonial, entidad o grupo y de sus gestores e integrantes [apdo. 1 de la letra b) del art. 80 de la LRJS].

> **A TENER EN CUENTA**. La sentencia TSJ de Cataluña n.º 8879/2004, de 13 de diciembre, ECLI:ES:TSJCAT:2004:14299, indica que «(...) el acceso al proceso y la impugnación del despido por parte de la actora no pueden quedar sin efecto por la dificultad en determinar la persona que ostenta la cualidad de empresario, ni debe pesar sobre la trabajadora el oneroso deber de indagar las relaciones negociales internas de la empresa supuestamente sucesora de la explotación del bar (...)».

- Las **comunidades de bienes** —igual que las uniones temporales de empresas— carecen de personalidad jurídica, por lo que atendiendo a la letra b) del apdo. 1 del art. 80 de la LRJS «habrá de hacerse constar el nombre y apellido de quienes aparezcan como organizadores, directores o gestores de aquel y sus domicilios» (**STSJ de Asturias n.º 2949/2001, de 14 de diciembre, ECLI:ES:TSJAS:2001:5252**).

- En reclamaciones pendientes contra **personas fallecidas**, las reclamaciones han de dirigirse contra la herencia yacente que es un patrimonio temporal sin titular o contra los herederos del fallecido.

- Las demandas contra **grupos de sociedades**, las mismas deben de ser presentadas contra todas las empresas que componen el grupo. Como señala la **STS, rec. 2365/1997, de 26 de enero de 1998, ECLI:ES:TS:1998:379**, el grupo de empresas, a efectos laborales, ha sido una creación jurisprudencial en una doctrina que no siempre siguió una línea uniforme, pero que hoy se encuentra sintetizada en la jurisprudencia de la Sala de lo Social del Tribunal Supremo. Así, ya se afirmó que «(...) no es suficiente que concurra el mero hecho de que dos o más empresas pertenezcan al mismo grupo empresarial para derivar de ello, sin más, una responsabilidad solidaria respecto de obligaciones contraídas por una de ellas con sus propios trabajadores; sino que es necesario, además, la presencia de elementos adicionales, tales como prestación laboral al grupo de forma indiferenciada, la actuación unitaria del grupo o conjunto de empresas agrupadas bajo unos mismos dictados y coordenadas con confusión patrimonial y en general cuando concurre en su actuación una utilización abusiva de la personalidad jurídica independiente de cada una de las empresas en perjuicio de los trabajadores» (**STS de 30 de enero, ECLI:ES:TS:1990:17037**). Así, la dirección unitaria de varias entidades empresariales no es suficiente para extender a todas ellas la responsabilidad, y como señala la mencionada **STS, rec. 2365/1997, de 26 de enero de 1998, ECLI:ES:TS:1998:379**: «ese dato será determinante de la existencia del grupo empresarial, no de la responsabilidad común por obligaciones de una de ellas». Y se admite la independencia y no comunicación de responsabilidad entre las sociedades integradas en un grupo; considerando que los vínculos accionariales, funcionales o de gestión no alteran, por sí mismos, la consideración como entidades autónomas y separadas, dotadas cada una de ellas de su propia personalidad, de las sociedades que se hayan constituido debidamente como tales.

A TENER EN CUENTA. Para extender la responsabilidad solidaria a todas las empresas que integran el grupo hace falta un «plus», un elemento adicional, que la jurisprudencia ha residenciado en la presencia de alguno de los siguientes elementos:

- Funcionamiento unitario de las organizaciones de trabajo de las empresas del grupo.
- Prestación de trabajo común, simultánea o sucesiva, a favor de varias de las empresas del grupo.
- Creación de empresas aparentes sin sustento real, determinantes de una exclusión de responsabilidades laborales.
- Confusión de plantillas, confusión de patrimonios, apariencia externa de unidad empresarial y unidad de dirección.

5.2. Admisión de la demanda en el proceso ordinario laboral

Una vez presentada la demanda, el LAJ procederá a controlar su conformidad según los requisitos establecidos en los arts. 80 y 81 de la LRJS. Si a la demanda no se acompañara certificación del acto de conciliación o mediación previa, o de la papeleta de conciliación o de la solicitud de mediación, de no haberse celebrado en plazo legal, el LAJ, sin perjuicio de resolver sobre la admisión y proceder al señalamiento, advertirá al demandante que ha de acreditar la celebración o el intento del expresado acto en el plazo de quince días, contados a partir del día siguiente a la recepción de la notificación, con apercibimiento de archivo de las actuaciones en caso contrario, quedando sin efecto el señalamiento efectuado.

Dentro de los tres días siguientes a la recepción de la demanda el letrado o letrada de la Administración de Justicia realizará distintas acciones tendentes a controlar su conformidad de la según la situación (art. 81 de la LRJS):

- **Si se apreciase la correcta formalización de la demanda** (art. 82 de la LRJS): en la misma resolución de admisión a trámite el letrado o letrada de la Administración de Justicia señalará el día y la hora en que hayan de tener lugar, separada o sucesivamente, los actos de conciliación y de juicio, debiendo mediar un mínimo de diez días entre la citación y la efectiva celebración de dichos actos, salvo en los supuestos en que la ley disponga otro distinto y en los supuestos de nuevo señalamiento después de una suspensión

- **Si entendiera que concurren los supuestos de falta de jurisdicción o competencia:** requerirá a las partes y al Ministerio Fiscal de conformidad con el art. 5 de la LRJS. Cumplido el trámite anterior dará inmediata cuenta al juez, la jueza o el tribunal para que resuelva lo que estime oportuno.

- **Si la demanda contenga defectos o imprecisiones de carácter formal** (sin perjuicio de los procedimientos de señalamiento inmediato que puedan establecerse):

  - Resolverá sobre la admisión a trámite de aquélla, con señalamiento de juicio en la forma prevista en el artículo 82 de la LRJS.

  - Advertirá a la parte de los defectos u omisiones en que haya incurrido al redactar la demanda en relación con los presupuestos procesales necesarios que pudieran impedir la válida prosecución y término del proceso, así como en relación con los documentos de preceptiva aportación con la misma (salvo lo dispuesto para la conciliación o mediación previa), a fin de que los subsane dentro del plazo de cuatro días.

> **A TENER EN CUENTA**. Realizada la subsanación admitirá la demanda. En otro caso, dará cuenta al juez, jueza o tribunal para que por el mismo se resuelva, dentro de los tres días siguientes, sobre su admisibilidad.

- Si a la demanda no se acompañara certificación del acto de conciliación o mediación previa, o de la papeleta de conciliación o de la solicitud de mediación, de no haberse celebrado en plazo legal, el letrado o letrada de la Administración de Justicia, sin perjuicio de resolver sobre la admisión y proceder al señalamiento, advertirá al demandante que ha de acreditar la celebración o el intento del expresado acto en el plazo de quince días, contados a partir del día siguiente a la recepción de la notificación, con apercibimiento de archivo de las actuaciones en caso contrario, quedando sin efecto el señalamiento efectuado.

- Si la demanda fuera directamente admisible, o una vez subsanada la misma, y en ella se solicitasen diligencias de preparación de la prueba a practicar en juicio, en el decreto de admisión de la demanda, acordará lo que corresponda para posibilitar su práctica, sin perjuicio de lo que el juez, la jueza o el tribunal decida sobre su admisión o inadmisión en el acto del juicio.

- Si en la demanda se solicitasen diligencias de anticipación o aseguramiento de la prueba, se dará cuenta al juez, jueza o tribunal para que resuelva lo procedente, dentro de los tres días siguientes, debiendo notificarse la resolución correspondiente junto con la de admisión a trámite de la demanda y la notificación del señalamiento.

- Requerirá a la parte demandada para que, en el plazo de dos días desde la notificación de la demanda, designe letrado o letrada, graduado o graduada social o procurador o procuradora, salvo que litigase por sí misma.

5.3. Acumulación de acciones y procesos en el orden social

En el proceso laboral se permite la acumulación de acciones y procesos bajos ciertas circunstancias.

5.3.1. Acumulación de acciones en el orden social

El Título III de la Ley 36/2011, de 10 de octubre, reguladora de la jurisdicción social (art. 25-41 de LRJS) se refiere a la acumulación de acciones, procesos y recursos. El Capítulo I (art. 25-35 de LRJS) regula la acumulación de acciones, procesos y recursos, regulando cada una de éstas en secciones distintas. Este Capítulo ha recogido la acumulación de acciones, para garantizar una mayor coherencia en la respuesta judicial, eficiencia y agilidad en la resolución de los litigios que se planteen ante la jurisdicción social, particularmente en procesos derivados de accidentes de trabajo y otros relacionados entre sí, como las distintas impugnaciones de un mismo acto o resolución, o la impugnación de distintos actos empresariales coetáneos con significación extintiva, al igual que el planteamiento y resolución conjunta de las acciones de despido y de salarios pendientes de abono en ese momento, salvo cuando se comprometa la prioritaria resolución sobre el despido. El Capítulo II (art. 36-41 de LRJS) establece las características de la acumulación de ejecuciones.

Sobre el **momento de la acumulación**, el art. 34 de la LRJS establece:

- La acumulación de acciones y procesos deberá formularse y acordarse antes de la celebración de los actos de conciliación, en su caso, o de juicio, salvo que se proponga por vía de reconvención.

- Planteada la acumulación, podrán suspenderse durante el tiempo imprescindible aquellas actuaciones cuya realización pudiera privar de efectividad a la decisión que, sobre la procedencia de la acumulación, pudiera dictarse.

- Acordada la acumulación de procesos, no podrá ésta dejarse sin efecto por el juez, la jueza o el tribunal, respecto de uno o varios de ellos, salvo que no se hayan cumplido las prescripciones legales sobre la acumulación o cuando el juez o jueza justifique, de forma motivada, que la acumulación efectuada podría ocasionar perjuicios desproporcionados a la tutela judicial efectiva del resto de intervinientes.

CUESTIÓN

¿Qué efectos supone la acumulación?

La acumulación de acciones (y procesos) producirá el efecto de discutirse y resolverse conjuntamente todas las cuestiones planteadas (art. 35 de la LRJS).

5.3.1.1. Requisitos de la acumulación objetiva y subjetiva de acciones y reconvención

Acumulación objetiva

Si bien el art. 25 de la LRJS, bajo el epígrafe «Requisitos de la acumulación objetiva y subjetiva de acciones y reconvención», establece que el demandante «(...) podrá acumular en su demanda cuantas acciones le competan contra el demandado, aunque procedan de diferentes títulos, siempre que todas ellas puedan tramitarse ante el mismo juzgado o tribunal», este panorama acumulativo debe completarse con el art. 73.1, 2.º y 3.º, de la LEC —supletoriamente aplicable al no existir regulación sobre dicha materia en la LRJS—, cuando establece que para que sea admisible la acumulación de acciones es preciso que, por un lado, las acciones acumuladas no deban, por razón de la materia, ventilarse en juicios de diferente tipo; y, por otro, que la ley no prohíba la acumulación en los casos en que se ejerciten determinadas acciones en razón de su materia o por razón del tipo de juicio que se haya de seguir.

En los mismos términos podrá el demandado **reconvenir**.

Acumulación subjetiva

Podrán acumularse, ejercitándose simultáneamente, las **acciones que uno o varios actores tengan contra uno o varios demandados,** siempre que entre esas acciones exista un nexo por razón del título o causa de pedir. Se entenderá que el título o causa de pedir es idéntico o conexo cuando las acciones se funden en los mismos hechos o en una misma o análoga decisión empresarial o en varias decisiones empresariales análogas. Si en estos casos, el actor o los actores no ejercitan conjuntamente las acciones, el juzgado deberá acordar la acumulación de los procesos (de conformidad con lo dispuesto en el art. 28 de la LRJS), salvo cuando aprecie, de forma motivada, que la acumulación podría ocasionar perjuicios desproporcionados a la tutela judicial efectiva del resto de intervinientes (art. 25.3 de la LRJS).

> **A TENER EN CUENTA.** En paralelo a lo anterior, la nueva regulación del art. 26.8 de la LRJS, establece dos nuevas acumulaciones subjetivas de acciones en relación con las MSCT y el despido por causas objetivas.

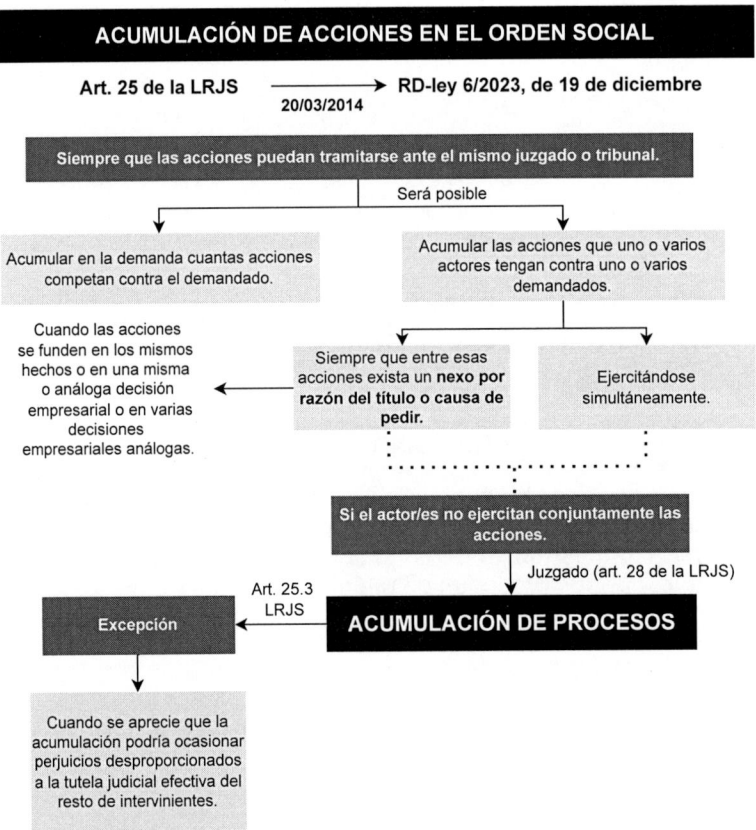

CUESTIÓN

¿Qué significa la expresión «título o causa de pedir»?

Dentro de las modificaciones operadas en los apartados 3, 5 y 7 del art. 25 de la LRJS, realizada por el Real Decreto-ley 6/2023, de 19 de diciembre, encontramos una nueva definición de título o causa de pedir», entendida como el nexo causal que la permite acumulación con el ejercicio simultáneo de acciones contra uno o varios demandados. Como especifica la propia LRJS, se entenderá que el título o causa de pedir es idéntico o conexo «(...) cuando las acciones se funden en los mismos hechos o en una misma o análoga decisión empresarial o en varias decisiones empresariales análogas. Si en estos casos, el actor o los actores no ejercitan conjuntamente las acciones, el juzgado deberá acordar la acumulación de los procesos».

En su redacción anterior, el art. 25 de la LRJS, definía este concepto en los siguientes términos: «Se entenderá que el título o causa de pedir es idéntico o conexo cuando las acciones se funden en los mismos hechos».

Acumulación de demandas derivadas del mismo accidente de trabajo o enfermedad profesional ante más de un juzgado o sección

En reclamaciones sobre accidente de trabajo y enfermedad profesional se podrán acumular todas las pretensiones de resarcimiento de daños y perjuicios derivadas de un mismo hecho, incluso sobre mejoras voluntarias, que el trabajador perjudicado o sus causahabientes dirijan contra el empresario u otros terceros que deban responder a resultas del hecho causante, incluidas las entidades aseguradoras, salvo que hayan debido tramitarse mediante procedimiento administrativo separado, en cuyo caso se estará a lo dispuesto en el art. 30 de la LRJS.

En demandas derivadas del mismo accidente de trabajo o enfermedad profesional, cuando exista más de un juzgado o sección de la misma sala y tribunal, en el momento de su presentación se repartirán al juzgado o sección que conociera o hubiere conocido del primero de dichos procesos, las demandas ulteriores relativas a dicho accidente de trabajo o enfermedad profesional. En su defecto, las partes deberán informar de esta circunstancia al juzgado o sección al que se hubiera repartido la primera demanda o recurso, en el plazo de cinco días desde la notificación de la admisión de la segunda o ulteriores demandas o recursos o en su caso, desde que la parte tenga conocimiento del juzgado o sección a la que hubiere sido turnada la primera demanda o recurso (art. 25.5 de la LRJS).

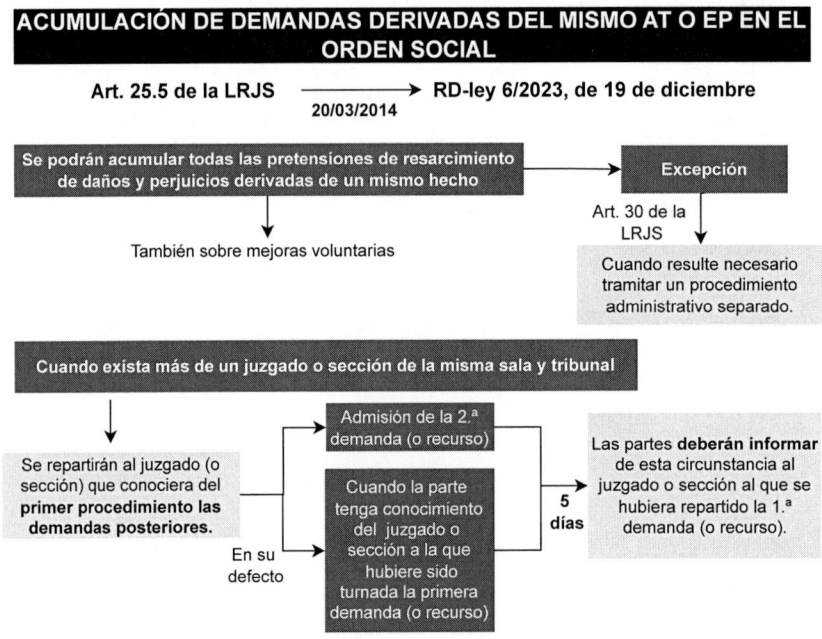

Acumulación en la demanda de las pretensiones que se deduzcan en relación con un mismo acto o resolución administrativa

El actor podrá acumular en su demanda las pretensiones que se deduzcan en relación con un mismo acto o resolución administrativa, así como las que se refieran a varios actos o resoluciones administrativas cuando exista entre ellos conexión directa.

Cuando el acto administrativo impugnado afecte a una pluralidad de destinatarios, de existir más de un juzgado o sección de la misma sala y tribunal, las demandas o recursos ulteriores relativas a dicho acto se repartirán al juzgado o sección que estuviere conociendo o hubiere conocido del primero de dichos procesos, siempre que conste dicha circunstancia o se ponga de manifiesto en la demanda o en el recurso. Con tal fin, la Administración autora del acto impugnado comunicará al juzgado o tribunal, tan pronto le conste, si tiene conocimiento de la existencia de otras demandas o recursos en las que puedan concurrir los supuestos de acumulación previstos en esta ley. En su defecto, el resto de las partes deberán informar de esta circunstancia al juzgado o sección al que se hubiera repartido la primera demanda o recurso, en el plazo de cinco días desde la notificación de la admisión de la segunda o ulteriores demandas o recursos (art. 25.7 de la LRJS).

5.3.1.2. Supuestos especiales de acumulación de acciones

Salvo supuestos especiales que trataremos, no podrán acumularse entre sí ni a otras distintas en un mismo juicio, ni siquiera por vía de reconvención las acciones de (art. 26 de la LRJS):

1. **Despido y demás causas de extinción del contrato de trabajo.** No obstante, podrán acumularse en una misma demanda las acciones de despido y extinción del contrato siempre que la acción de despido acumulada se ejercite dentro del plazo establecido para la modalidad procesal de despido. Cuando para la acción de extinción del contrato de trabajo (art. 50 del ET), se invoque la falta de pago del salario pactado [art. 5.1.b) del ET], la reclamación salarial podrá acumularse a la acción solicitando la extinción indemnizada del vínculo, pudiendo, en su caso, ampliarse la demanda para incluir las cantidades posteriormente adeudadas. El trabajador podrá acumular a la acción de despido la reclamación de las cantidades vencidas, exigibles y de cuantía determinada adeudadas hasta esa fecha, sin que por ello se altere el orden de intervención del art. 105.1 de la LRJS (art. 26.3 de la LRJS).

2. **Modificaciones sustanciales de condiciones de trabajo.**

3. **Disfrute de vacaciones.**

4. **Materia electoral.**

5. **Impugnación de estatutos de los sindicatos o de su modificación.**

6. **Movilidad geográfica.**

7. **Derechos de conciliación de la vida personal, familiar y laboral** (art. 139 del ET).

8. **Impugnación de convenios colectivos.**

9. **Impugnación de sanciones impuestas por los empresarios a los trabajadores.**

10. **Tutela de derechos fundamentales y libertades públicas.**

10. **Reclamación de las diferencias retributivas derivadas de clasificación profesional o realización de trabajos de categoría o grupo profesional superior.**

11. **Las acciones en reclamación sobre acceso, reversión y modificación del trabajo a distancia del art. 138 bis de la LRJS** (art. 26.1 de la LRJS).

Por el contrario, se podrán acumular en una misma demanda (art. 26.8 de la LRJS):

- Acciones de **modificaciones sustanciales de condiciones de trabajo** por parte de distintos actores contra un mismo demandado siempre que deriven de los mismos hechos o de una misma decisión empresarial.

- Acciones de despido por causas objetivas derivadas del art. 49.l) del ET (despido colectivo fundado en causas económicas, técnicas, organizativas o de producción), por parte de distintos actores contra un mismo demandado siempre que deriven de cartas de despido con idéntica causa.

Acumulación de reclamaciones en materia de Seguridad Social

No serán acumulables entre sí las reclamaciones en materia de Seguridad Social, salvo cuando tengan la misma causa de pedir y salvo la posibilidad de alegar la lesión de derechos fundamentales y libertades públicas a que se refiere el apdo. 1 del art. 140 de LRJS.

> **JURISPRUDENCIA**
>
> **STS, rec. 761/2013, 5 de noviembre 2013, ECLI:ES:TS:2013:6180**
>
> Es precisamente ese concepto, la «causa de pedir», lo que resulta claramente coincidente en las pretensiones ejercitadas simultáneamente por la Mutua frente a la empresa incumplidora y frente al INSS/TGSS.
>
> **STS, rec. 761/2013, de 5 de noviembre de 2013, ECLI:ES:TS:2013:6180**
>
> Cabe la acumulación de acciones en procesos de seguridad social cuando se pretende por una mutua patronal, además de la condena directa del empleador, el reintegro por el INSS/TGSS de las prestaciones satisfechas por aquella en razón a los graves incumplimientos empresariales en materia de cotización, pese a la distinta contingencia que las originó, porque es la misma la causa de pedir (los descubiertos y la responsabilidad que ello pudiera conllevar).

Acumulación de acciones en el proceso de autónomos económicamente dependientes

En el caso de los trabajadores conceptuados por su cliente como autónomos económicamente dependientes, si se accionara por despido alegando la existencia de relación laboral, podrán acumular en una misma demanda a la acción principal de despido y, dentro del mismo plazo de caducidad que ésta, la que puedan formular contra la decisión del cliente de extinguir la relación, con carácter eventual y para el caso de desestimación de la primera. Análoga regla de acumulabilidad se seguirá cuando se alegue como principal la relación de autónomo dependiente y como subsidiaria la relación laboral, así como en el ejercicio de otro tipo de acciones cuando se cuestione la naturaleza laboral o autónoma económicamente dependiente de la relación (art. 26.5 de la LRJS).

5.3.1.3. Reconvención

El art. 85.3 de la LRJS establece que «Únicamente podrá formular reconvención cuando la hubiese anunciado en la conciliación previa al proceso o en la contestación a la reclamación previa en materia de prestaciones de Seguridad Social o resolución que agote la vía administrativa, y hubiese expresado en esencia los hechos en que se funda y la petición en que se concreta. No se admitirá la reconvención, si el órgano judicial no es competente, si la acción que se ejercita ha de ventilarse en modalidad procesal distinta y la acción no fuera **acumulable, y cuando no exista conexión entre sus pretensiones y las que sean objeto de la demanda principal**».

Por lo que, al igual que sucede con la papeleta de conciliación, la reconvención que se realice en el acto administrativo de conciliación tiene que cumplir los requisitos de la demanda; y es que, como sucede en el ámbito civil, la reconvención formulada en la conciliación se acumula a la demanda y se ve afectada y sigue su misma suerte, también en cuanto a los plazos.

La reconvención no es necesaria:

Para alegar compensación de deudas vencidas y exigibles cuando no se formule pretensión de condena reconvencional.

Cuando el demandado pretenda exclusivamente ser absuelto de la pretensión o pretensiones objeto de la demanda principal.

CUESTIÓN

¿Cuál será la actuación del letrado de la Administración de Justicia en caso de acumulación de acciones en el proceso laboral?

Cuando se presenten demandas acumulando objetiva o subjetivamente acciones, el letrado de la Administración de Justicia:

– Verificará que concurren los presupuestos indicados para la acumulación objetiva y subjetiva de acciones y reconvención (art. 25 de la LRJS).

– En procesos correspondientes a varias demandas presentadas contra un mismo demandado, afectando de este modo el proceso a más de diez actores, así como cuando la demanda o demandas se dirijan contra más de diez demandados, siempre que no haya contraposición de intereses entre ellos, el LAJ les requerirá para que designen un representante común, pudiendo recaer dicha designación en cualquiera de ellos. A tal efecto, junto con la comunicación a los actores de la resolución de acumulación, el LAJ les citará de comparecencia dentro de los cuatro días siguientes para el nombramiento del representante común; si el día de la comparecencia no asistiese alguno de los citados en forma, se procederá a la designación del representante común, entendiéndose que quien no comparezca acepta el nombramiento efectuado por el resto (art. 19 de la LRJS).

5.3.1.4. Acciones indebidamente acumuladas

Si se ejercitaran acciones indebidamente acumuladas, el letrado de la Administración de Justicia requerirá al demandante para que en el plazo de cuatro días subsane el defecto, eligiendo la acción que pretende mantener. En caso de que no lo hiciera, o si se mantuviera la circunstancia de no acumulabilidad entre las acciones, dará cuenta al tribunal para que este, en su caso, acuerde el archivo de la demanda (art. 27 de la LRJS).

No obstante, cuando se trate de una demanda sometida a plazo de caducidad, a la que se hubiera acumulado otra acción, fuera de los supuestos previstos anteriormente, aunque el actor no opte, se seguirá la tramitación del juicio por aquella, y el juez o tribunal tendrá por no formulada la otra acción acumulada, advirtiéndose al demandante de su derecho a ejercitarla por separado.

Si se hubiera acumulado indebidamente una acción sujeta a plazo de caducidad y otra u otras acciones sometidas igualmente a dicho plazo de caducidad, aunque el actor no opte, se seguirá la tramitación del juicio por la primera de las pretensiones ejercitada en el suplico de la demanda, y en todo caso por la de despido si se hubiese hecho uso de ella, y el juez o tribunal tendrá por no formuladas las demás acciones acumuladas, advirtiéndose al demandante de su derecho a ejercitarlas por separado.

La acumulación indebida de acciones, por afectar al orden público procesal, es cuestión que ha de apreciarse inclusive de oficio.

5.3.2. Acumulación de procesos en el orden social

Con la intención de agilizar la tramitación procesal se establecen un conjunto de medidas y reglas entre las que se incluyen disposiciones especiales sobre acumulación de procesos en el orden social (arts. 28-32 de la LRJS).

La acumulación de procesos (y acciones) deberá formularse y acordarse antes de la celebración de los actos de conciliación, en su caso, o de juicio, salvo que se proponga por vía de reconvención.

Planteada la acumulación, podrán suspenderse durante el tiempo imprescindible aquellas actuaciones cuya realización pudiera privar de efectividad a la decisión que, sobre la procedencia de la acumulación, pudiera dictarse.

Acordada la acumulación de procesos, no podrá ésta dejarse sin efecto por el juez, la jueza o el tribunal, respecto de uno o varios de ellos, salvo que no se hayan cumplido las prescripciones legales sobre la acumulación o cuando el juez o jueza justifique, de forma motivada, que la acumulación efectuada podría ocasionar perjuicios desproporcionados a la tutela judicial efectiva del resto de intervinientes.

De acuerdo con lo establecido en los artículos 28-32 de la LRJS:

5.3.2.1. Acumulación de procesos seguidos ante el mismo juzgado o tribunal

Si en el mismo juzgado o tribunal se tramitaran varias demandas contra un mismo demandado, aunque los actores sean distintos, y se ejercitasen en ellas acciones idénticas o susceptibles de haber sido acumuladas en una misma demanda, se acordará obligatoriamente la acumulación de los procesos, salvo cuando el juzgado o tribunal aprecie, de forma motivada, que la acumulación podría ocasionar perjuicios desproporcionados a la tutela judicial efectiva del resto de intervinientes (art. 28.1 de la LRJS, con efectos de 20/03/2024).

Cuando en materia de prestaciones de Seguridad Social o sobre recargo de prestaciones, se impugnare un mismo acto administrativo, o actos de reproducción, confirmación o ejecución de otro anterior, o actos entre los que exista conexión directa, se acordará la acumulación de los procesos, aunque no coincidan todas las partes ni la posición procesal que ocupen. Dicha regla se aplicará a la impugnación de un mismo acto administrativo en las restantes materias competencia del orden social.

El letrado de la Administración de Justicia pondrá en conocimiento del juez o tribunal los procesos en los que se cumplan dichos requisitos, a fin de que se resuelva sobre la acumulación.

> **A TENER EN CUENTA.** Desde el 20/03/2024, la acumulación será obligatoria, excepto cuando el propio órgano judicial aprecie (de forma motivada) que podría ocasionar perjuicios desproporcionados a la tutela judicial efectiva del resto de intervinientes.

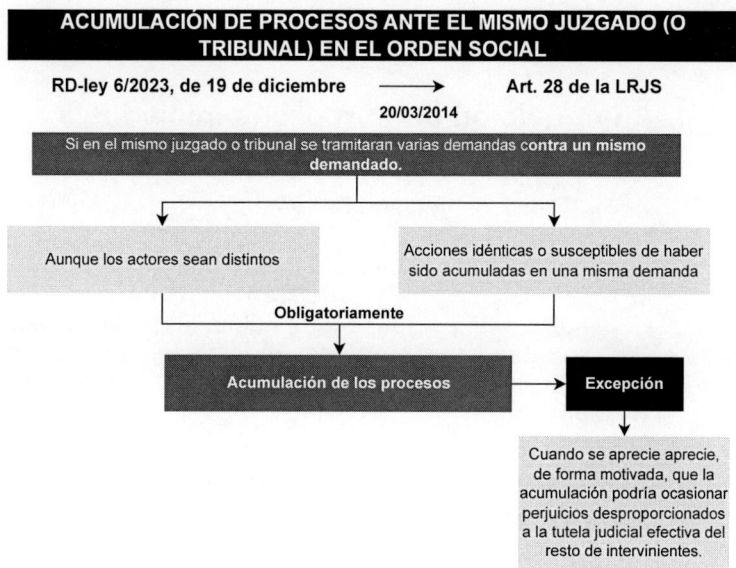

5.3.2.2. Acumulación de procesos seguidos ante distintos juzgados

Si en el caso anterior las demandas pendieran en distintos procesos ante dos o más juzgados de lo Social de una misma circunscripción, también se acordará obligatoriamente la acumulación de todas ellas, de oficio o a petición de parte. A tal efecto, las partes deberán comunicar esta circunstancia ante el juzgado o tribunal que conociese de la demanda que hubiera tenido entrada antes en el Registro (art. 29 de la LRJS).

5.3.2.3. Procesos acumulables

Se acordará de oficio o a instancia de parte (art. 30 de la LRJS):

- La acumulación de procesos que estuvieren pendientes en el mismo o distinto juzgado o tribunal cuando entre los objetos de los procesos cuya acumulación se pretende exista tal conexión que, de seguirse por separado, pudieran dictarse sentencias con pronunciamientos o fundamentos contradictorios, incompatibles o mutuamente excluyentes.

- Los procesos que tengan su origen en un mismo accidente de trabajo o enfermedad profesional, aunque no coincidan todas las partes o su posición procesal, salvo que hayan debido tramitarse mediante procedimientos administrativos separados, en cuyo caso solamente podrán acumularse las impugnaciones referidas a un mismo procedimiento.

El juez o tribunal resolverá decidiendo la acumulación, de cumplirse los requisitos legales. Contra este auto no cabrá otro recurso que el de reposición.

5.3.2.4. Acumulación con procesos iniciados a instancia de la autoridad laboral

La acumulación de procesos iniciados a instancia de la autoridad laboral está regulada en el artículo 31 de la LRJS. Según este artículo, a los procesos de oficio iniciados en virtud de comunicación de la autoridad laboral, regulados en el artículo 148 de la LRJS, se acumularán las demandas individuales en que concurran identidad de personas y de causa de pedir respecto de la demanda de oficio, aunque estas demandas individuales estén pendientes en distintos juzgados o tribunales. Esta acumulación se acordará por el juzgado o tribunal mediante auto

5.3.2.5. Acumulación de procesos relativos a la extinción del contrato de trabajo o que se refieran a actos administrativos con pluralidad de destinatarios

La situación de acumulación impuesta legalmente se establece en el art. 32 de la LRJS, que dice así:

> «Cuando el trabajador formule por separado demandas por alguna de las causas previstas en el artículo 50 del Texto Refundido de la Ley del Estatuto de los Trabajadores y por despido, la demanda que se promueva posteriormente se acumulará a la primera de oficio o a petición de cualquiera de las partes, debiendo debatirse todas las cuestiones planteadas en un solo juicio. A estos efectos, el trabajador deberá hacer constar en la segunda demanda la pendencia del primer proceso y el juzgado que conoce del asunto».

En este supuesto:

- Cuando las acciones ejercitadas están fundadas en las mismas causas o en una misma situación de conflicto, la sentencia deberá analizar conjuntamente ambas acciones y las conductas subyacentes, dando respuesta en primer lugar a la acción que considere que está en la base de la situación de conflicto y resolviendo después la segunda, con los pronunciamientos indemnizatorios que procedan. Si las causas de una u otra acción son independientes, la sentencia debe dar prioridad al análisis y resolución de la acción que haya nacido antes, atendido el hecho constitutivo de la misma, si bien su estimación no impedirá el examen, y decisión en su caso, de la otra acción.

- En procesos por despido, el trabajador podrá acumular en la demanda la impugnación de los actos empresariales con efecto extintivo de la relación que le hayan afectado, cuando entre las acciones exista conexión directa y en tanto no haya trascurrido el plazo legal de impugnación de los anteriormente producidos. Con los mismos requisitos se procederá a la asignación en reparto a un mismo juzgado de las demandas contra dichos actos extintivos, si constaren tales circunstancias, o a la acumulación de procesos que se siguieran ante el mismo o distintos juzgados.

- A las demandas de impugnación de un acto administrativo que afecte a una pluralidad de destinatarios se acumularán las que se presenten con posterioridad contra dicho acto, aunque inicialmente hubiere correspondido su conocimiento a otro juzgado o tribunal.

JURISPRUDENCIA

STS n.º 767/2016, de 21 de Septiembre de 2016, ECLI;ES:TS:2016:4442

«(...) La acumulación de ambas acciones prevista en el art. 32 de la LPL (actual art. 32 de la LRJS), como señaló nuestra sentencia de 23 de diciembre de 1996 (rcud 2205/96), tiene, entre otras, la finalidad de evitar actuaciones que persigan, bien por parte del trabajador eludir a través del ejercicio de la acción resolutoria las consecuencias de un despido que se prevé inminente, o bien por parte de la empresa buscar la enervación de la posible acción resolutoria mediante una rápida decisión de despido. Nuestras sentencias de 25 de enero de 2007 (rcud 2851/0), dictada en Sala General, y la posterior de 10 de julio de 2007 (rcud 604/06) señalan que dicho precepto «obliga no sólo a acumular, sino también a debatir las dos demandas y a resolverlas, para evitar tener que reproducir un nuevo pleito que chocaría con la previsión de acumulación del precepto, si se resolviera solo la primera y el signo del recurso fuera contrario a la decisión de instancia'. Pero comoquiera que el precepto procesal deja sin concretar cual de las dos acciones ejercitadas, la resolutoria o la de despido, debe resolverse primero así como la incidencia que sobre la segunda acción produzca lo resuelto sobre la primera, es necesario establecer pautas o criterios generales de carácter orientativo, pues, como ya advirtió nuestra citada sentencia de 23 de diciembre de 1996 , 'la interpretación teleológica del citado art. 32 de la Ley de Procedimiento Laboral dificulta en extremo acudir a reglas dogmáticas y apriorísticas que fijen criterios sobre cual de ambas acciones, -la resolutoria o la impugnatoria del despido- ha de obtener primera respuesta".

Tales criterios de resolución deben ser diferentes, distinguiendo los supuestos en que las causas de las dos acciones sean las mismas de aquellos otros en que el incumplimiento empresarial alegado para fundar la voluntad resolutoria del trabajador nada tenga que ver con la falta que se impute a éste en la carta de despido, es decir, cuando las causas de una y otra acción sean independientes».

6.
CONCILIACIÓN JUDICIAL Y JUICIO

Tras la reforma operada por la **LO 1/2025,** los actos de conciliación y juicio podrán señalarse para que sean en día y hora sucesivos, o bien separados.

6.1. Señalamiento de actos de conciliación y juicio

El artículo 82 de la LRJS, modificado por la Ley Orgánica 1/2025, establece las normas aplicables al señalamiento de los actos de conciliación y juicio a partir del 3 de abril de 2025. A continuación, se detallan los puntos más relevantes:

‖ Admisión de la demanda y señalamiento de actos

Si la demanda es admitida, el letrado o letrada de la Administración de Justicia señalará el día y la hora para los actos de conciliación y juicio, **que pueden ser en el mismo día o en días separados**. Debe haber un **mínimo de diez días** entre la citación y la celebración de estos actos, salvo excepciones legales o en caso de nuevo señalamiento tras una suspensión.

‖ Representación de entidades públicas

Si la representación corresponde al abogado del Estado, letrado de la Administración de la Seguridad Social, representantes procesales de Comunidades Autónomas, Administración Local o letrados de las Cortes Generales, se señalará directamente el acto del juicio.

‖ Criterios para el señalamiento

El letrado o letrada de la Administración de Justicia seguirá los criterios del artículo 182 de la LEC y procurará agrupar en un mismo día los procedimientos relacionados con los mismos interesados que no puedan ser acumulados. También se agruparán las audiencias que requieran la presencia de representantes del Ministerio Fiscal, abogado del Estado, letrados de las Cortes Generales, entre otros.

‖ Celebración de los actos

Los actos de conciliación (ante el LAJ) y juicio (ante el juez, la jueza, el magistrado o la magistrada) pueden celebrarse en convocatorias distintas. La citación debe incluir la entrega de copia de la demanda y documentos a los demandados, interesados y, en su caso, al Ministerio Fiscal. La Administración pública debe remitir el expediente administrativo dentro de los diez días siguientes a la notificación.

‖ Conciliación anticipada

Como trataremos, la conciliación anticipada puede celebrarse a partir de los diez días desde la admisión de la demanda y con una antelación mínima de treinta días al juicio. Puede ser solicitada por cualquiera de las partes o de oficio por el letrado o letrada de la Administración de Justicia si se considera factible un acuerdo.

También en el señalamiento del acto de conciliación anticipada se procurará fijar para un mismo día los procedimientos que se refieran a los mismos interesados y no puedan ser acumulados.

Intentada la conciliación anticipada ante el letrado o la letrada de la Administración de Justicia, se tendrá por celebrada sin necesidad de reiterarse el día de la vista, salvo que con anterioridad a la celebración del acto de juicio las partes manifiesten su intención de alcanzar un acuerdo.

‖ Cédulas de citación

Las cédulas de citación deben indicar que los actos de conciliación y juicio no podrán suspenderse por incomparecencia del demandado, salvo causas justificadas. También deben incluir que los litigantes deben concurrir al juicio con todos los medios de prueba y que pueden formalizar la conciliación antes de la fecha del juicio.

En la citación también se requerirá el previo traslado entre las partes o la aportación anticipada, con diez días de antelación al acto de juicio, de la prueba documental o pericial de que intenten valerse. La prueba se deberá presentar en formato electrónico, salvo que la parte no venga obligada a relacionarse electrónicamente con la Administración de Justicia, en cuyo caso se admitirá la presentación en papel o en otros soportes no digitales.

Transcurrido este plazo (10 días), **sólo se admitirán** a la parte actora o demandada los documentos, dictámenes, medios e instrumentos relativos al fondo del asunto cuando se hallen en alguno de los casos siguientes:

1.º Ser de fecha posterior siempre que no se hubiesen podido confeccionar ni obtener con anterioridad a dicho momento procesal.

2.º Tratarse de documentos, medios o instrumentos de fecha anterior, cuando la parte que los presente justifique no haber tenido antes conocimiento de su existencia.

3.º No haber sido posible obtener la prueba documental o dictamen pericial con anterioridad por causas no imputables a la parte, siempre que se hubiera efectuado en plazo la designación del archivo, protocolo o lugar en que se encuentren, o el registro, libro registro, actuaciones o expediente del que se pretenda obtener una certificación o anunciado, en su caso, el dictamen.

Cuando un documento, medio o instrumento sobre hechos relativos al fondo del asunto, se presentase una vez precluido el plazo indicado en este apartado, las demás partes podrán alegar en el juicio la improcedencia de tomarlo en consideración, por no encontrarse en ninguno de los casos indicados. El tribunal resolverá en el acto y, si apreciare ánimo dilatorio o mala fe procesal en la presentación del documento, podrá, además, imponer al responsable una multa dentro de los límites fijados en el apdo. 4 del art. 75 de la LRJS.

|| Plazo para consulta en representación del Estado

Se concede un plazo de veintidós días para la consulta a la Abogacía General del Estado, Dirección del Servicio Jurídico de la Administración de la Seguridad Social, o el organismo correspondiente de las Comunidades Autónomas y las Cortes Generales.

CUESTIÓN

¿Qué modificaciones ha realizado la Ley Orgánica 1/2025, de 2 de enero, introduce sobre el artículo 82 de la LRJS?

En relación con el señalamiento de los actos de conciliación y juicio, los principales cambios han sido:

1. **Señalamiento de los actos de conciliación y juicio.** Los actos de conciliación y juicio podrán señalarse para que sean en día y hora sucesivos, o bien separados

2. **Conciliación anticipada.** La conciliación anticipada se celebrará en el plazo de 10 días desde la admisión de demanda, y mínimo 30 días antes del juicio, salvo excepciones fijadas por Ley.

3. **Señalamiento anticipado y separado de conciliación.** Cabe señalamiento anticipado y separado de conciliación a instancia de parte si existe posibilidad de acuerdo. También podrá ser realizado por el Letrado de la Administración de Justicia (LAJ) si pudiera ser factible alcanzarlo.

4. **Conciliación anticipada en procedimientos de los mismos interesados.** Se intentará el señalamiento de conciliación anticipada de procedimientos de los mismos interesados (no acumulados) el mismo día.

5. **Reiteración de la conciliación.** Intentada la conciliación anticipada, no se reiterará en el juicio, salvo que las partes manifiesten intención de alcanzar acuerdo.

6. **Contenido de las cédulas de citación.** Las cédulas de citación deberán incluir información detallada sobre los actos de conciliación y juicio.

7. **Suspensión de los actos de conciliación y juicio.** Los actos de conciliación y juicio sólo pueden suspenderse por incomparecencia del demandado por causas justificadas y tasadas legalmente.

8. **Conciliación sin esperar a la fecha de señalamiento.** Las partes podrán comparecer a la oficina judicial sin esperar a la fecha de señalamiento para realizar conciliación en evitación de juicio, conforme al art. 84.1 de la LRJS.

9. **Plazo para traslado entre partes o aportación anticipada de prueba.** Se amplía el plazo a 10 días (antes de 5) para traslado entre partes o aportación anticipada

---

de prueba documental o pericial en soporte electrónico, salvo que la parte no esté obligada a relacionarse electrónicamente con la Administración de Justicia.

10. Admisión de documentos, medios o instrumentos fuera de plazo. Pasado el plazo de 10 días, se recogen expresamente los supuestos en que se admitirán documentos, medios o instrumentos: aquellos de fecha posterior, no haber tenido conocimiento de ellos o no haber sido posible obtenerlos. Las otras partes en el juicio podrán alegar la improcedencia de tomarlo en consideración, y lo resolverá el juez con posibilidad de imponer multa por mala fe procesal.

11. Admisión a trámite y señalamiento de juicio en representación del Estado. Se recoge expresamente la admisión a trámite y señalamiento de juicio en supuestos de representación del Estado, Administraciones y otras instituciones. Estas modificaciones buscan mejorar la eficiencia y claridad en los procedimientos de conciliación y juicio, así como asegurar una mayor flexibilidad y adaptabilidad en la gestión de los mismos.

6.1.1. Conciliación anticipada

La Ley Orgánica 1/2025, de 2 de enero, con la pretensión de dotar a la jurisdicción social «(...) de la máxima agilización posible en lo que respecta a los actos de conciliación ante el letrado o la letrada de la Administración de Justicia», **ha impulsado la posibilidad de establecer a instancia de cualquiera de las partes** —«(...) si estimaran razonadamente que existe la *posibilidad de llegar a un acuerdo conciliatorio»* —, **o de oficio por el letrado o la letrada de la Administración de Justicia** —*si entendiera que, por la naturaleza y circunstancias del litigio o por la solución dada judicialmente en casos análogos, pudiera ser factible que las partes alcanzaran un acuerdo*— la realización del **acto de conciliación de forma anticipada.**

Para lo anterior se configura —de una manera un tanto engorrosa— la **posibilidad de señalar el acto de conciliación «intrajudicial» de forma separada y anticipada a la fecha del juicio.**

La LRJS establece ahora varias posibilidades de conciliación «intraprocesal»:

Conciliación anticipada establecida por el LAJ

La nueva redacción del art. 82 de la LRJS permite que, de ser admitida la demanda, en la misma resolución de admisión a trámite el LAJ señale el día y la hora en que hayan de tener lugar, «separada o sucesivamente», los actos de conciliación y de juicio. **Debiendo mediar un mínimo de diez días entre la citación y la efectiva celebración de dichos actos,** salvo en los supuestos en que la ley disponga otro distinto y en los supuestos de nuevo señalamiento después de una suspensión.

El apdo. 3 del art. 82 de la LRJS concreta sobre el acto de conciliación anticipada:

«3. El acto de conciliación anticipada se celebrará a partir de los diez días desde la admisión de la demanda, y en todo caso con **una antelación mínima de treinta días a la celebración del acto del juicio,** salvo los supuestos fijados en esta ley.

También en el señalamiento del acto de conciliación anticipada **se procurará fijar para un mismo día los procedimientos que se refieran a los mismos interesados y no puedan ser acumulados.**

Intentada la conciliación anticipada ante el letrado o la letrada de la Administración de Justicia, **se tendrá por celebrada sin necesidad de reiterarse el día de la vista, salvo que con anterioridad a la celebración del acto de juicio las partes manifiesten su intención de alcanzar un acuerdo».**

CUESTIÓN

¿**Cómo se refleja una posible actuación fraudulenta por las partes para no alcanzar un acuerdo en la conciliación anticipada de cara a una eventual multa?**

El párrafo segundo del apdo. 3 del art. 84 de la LRJS:

«De celebrarse la conciliación anticipada prevista en el artículo 82 y resultar sin acuerdo, el letrado o la letrada de la Administración de Justicia dejará constancia en el acta de los aspectos controvertidos que hayan impedido el mismo y, de concurrir cuestiones procesales que pudieran suscitar la suspensión del acto del juicio, tales como la existencia de terceros que deban ser llamados al procedimiento o la situación concursal de cualquiera de los intervinientes, advertirá a las partes en los términos establecidos en el artículo 81».

Conciliación telemática previa ante el LAJ en caso de solicitud por las partes

Como se evidencia en el texto expuesto en el apartado anterior es posible que, celebrada la conciliación anticipada (apdo. 3 del art. 82 de la LRJS), no se alcance un acuerdo ante el LAJ pero sí con posterioridad. También sería posible que no se hubiese señalado conciliación anticipada pero las partes la soliciten por vía telemática.

El apdo. 1 del art. 84 de la LRJS regula lo que podríamos llamar una «conciliación telemática previa ante el LAJ»:

«1. El letrado o letrada de la Administración de Justicia intentará la conciliación, llevando a cabo la labor mediadora que le es propia, y advertirá a las partes de los derechos y obligaciones que pudieran corresponderles. Si las partes alcanzan la avenencia, dictará decreto aprobándola y acordando, además, el archivo de las actuaciones. Del mismo modo, corresponderá al letrado letrada de la Administración de Justicia la aprobación del acuerdo alcanzado por las partes antes del día señalado para el acto del juicio, de haberse señalado conciliación anticipada, o en la misma fecha del juicio de tratarse de conciliación y juicio señalados sucesivamente. A tal efecto **las partes podrán anticipar la conciliación por vía telemática.**

Cuando el acuerdo venga firmado digitalmente por todas las partes, **se dictará decreto en el plazo máximo de tres días.** En su defecto, y para su posterior ratificación y firma, **se citará a las partes a comparecencia en un plazo máximo de cinco días.** La conciliación y la resolución aprobatoria, oral o escrita, se documentarán en la propia acta de comparecencia.

La conciliación alcanzada ante el letrado o la letrada de la Administración de Justicia y los acuerdos logrados entre las partes y aprobados por aquél tendrán, a todos los efectos legales, la consideración de conciliación judicial».

Conciliación anticipada previa ante el LAJ en caso de conciliación y juicio señalados sucesivamente

Si no se han dado los supuestos anteriores, llevando a cabo su labor mediadora, el LAJ intentará la conciliación antes del acto de juicio, y advertirá a las partes de los derechos y obligaciones que pudieran corresponderles. Si las partes alcanzan la avenencia, dictará decreto aprobándola y acordando, además, el archivo de las actuaciones

---

A TENER EN CUENTA. Corresponderá al letrado letrada de la Administración de Justicia la aprobación del acuerdo alcanzado por las partes antes del día señalado para el acto del juicio, de haberse señalado conciliación anticipada, o en la misma fecha del juicio de tratarse de conciliación y juicio señalados sucesivamente (art. 84.1 de la LRJS).

CUESTIÓN

Si se ha realizado una conciliación anticipada sin avenencia, ¿se realizará una nueva conciliación ante el juez, la jueza o el tribunal antes del inicio del juicio?

La nueva redacción del art. 85 de la LRJS parece eliminar esta posibilidad. Se suprime del art. 85.1 de la LRJS la posibilidad de realizar el acto de conciliación antes del inicio del juicio. La nueva redacción del precepto da paso directamente al acto del juicio.

Conciliación durante el juicio: transacciones homologables por el Magistrado

El apdo. 3 del art. 84 de la LRJS:

«3. En caso de no haber avenencia ante el letrado o la letrada de la Administración de Justicia y procederse a la celebración del juicio, la aprobación del acuerdo conciliatorio que, en su caso, alcanzasen las partes en dicho momento corresponderá al juez, la jueza o el tribunal ante el que se hubiere obtenido mediante resolución oral o escrita documentada en el propio acuerdo. Sólo cabrá nueva intervención del letrado o letrada de la Administración de Justicia aprobando un acuerdo entre las partes **si el acto del juicio se llegase a suspender** por cualquier causa».

6.2. Suspensión de los actos de conciliación y juicio en el orden social

El artículo 83 de la Ley Reguladora de la Jurisdicción Social regula la suspensión de los actos de conciliación y juicio del proceso ordinario laboral, y dispone que estos sólo podrán suspenderse a petición de ambas partes o por motivos justificados y acreditados ante el Letrado de la Administración de Justicia. Esta suspensión se concederá por una sola vez, señalándose nuevamente dentro de los diez días siguientes y, excepcionalmente y por circunstancias trascendentes adecuadamente probadas, podrá acordarse una segunda.

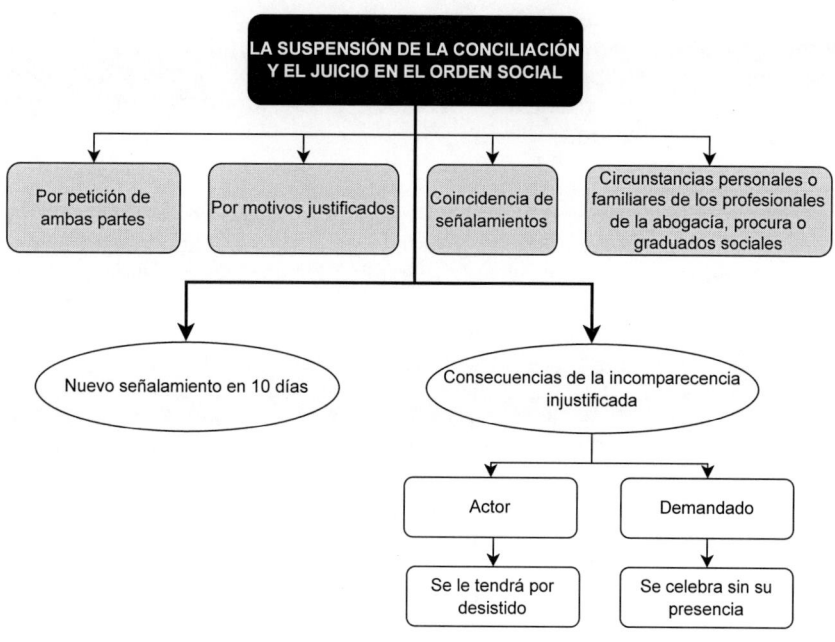

El apdo. 1 del art. 83 de la LRJS establece que *«Sólo a petición de ambas partes o por motivos justificados, acreditados ante el LAJ, podrá éste suspender, por una sola vez, los actos de conciliación y juicio, señalándose nuevamente dentro de los diez días siguientes a la fecha de la suspensión. Excepcionalmente y por circunstancias trascendentes adecuadamente probadas, podrá acordarse una segunda suspensión».*

De esta forma, **será posible suspender los actos de conciliación y juicio una vez:**

- A petición de una o ambas partes (mutuo acuerdo).
- Por motivos justificados.

Solo **excepcionalmente**, y por circunstancias trascendentes adecuadamente probadas, podrá acordarse una segunda suspensión.

Incomparecencia injustificada del demandante

El apartado 2 del precepto procesal indicado dispone que *«Si el actor, citado en forma, no compareciese ni alegase justa causa que motive la suspensión del acto de conciliación o del juicio, el secretario judicial en el primer caso y el juez o tribunal en el segundo, le tendrán por desistido de su demanda».*

Sobre la incomparecencia del actor se ha pronunciado nuestro Alto Tribunal en la **STS n.º 102/2023, de 2 de febrero, ECLI:ES:TS:2023:436,** que analizando los pronunciamientos del Tribunal Constitucional en esta materia recuerda que la simple alegación de un motivo justificado no conlleva la suspensión del juicio *ipso iure*, sino que la misma debe probarse, y que además debe la resolución que tenga por desistido al demandante por incomparecencia debe ser motivada:

> «Este precepto, como ya ha tenido ocasión de señalar esta Sala, en la misma redacción recogida en la LPL 1980 y 1990, fue objeto de la doctrina constitucional diciendo, como refiere la parte recurrida, que en él se venía a contemplar una especie de desistimiento tácito, como presunción de abandono de la acción emprendida y que tenía como causa la incomparecencia del demandante. Como tal presunción de abandono, permitía una prueba en contrario que pusiera de manifiesto su voluntad de continuar con el proceso. De ahí que dicha doctrina favoreciera toda interpretación flexible y antiformalista « de esta norma (SSTC 237/1988, 21/1990, 9/1993, 218/1993, 373/1993, 86/1994, 196/1994), congruente con el propósito del legislador, que no es otro que el de restringir en lo posible las suspensiones inmotivadas o solapadamente dilatorias (STC 3/1993), si bien también hemos advertido que tal interpretación no puede amparar actitudes carentes de la diligencia debida por parte del interesado, lesivas del derecho a la tutela judicial efectiva de la contraparte, de la garantía a un proceso sin dilaciones indebidas o a la regularidad, buen funcionamiento y, en definitiva, integridad objetiva del proceso (SSTC 373/1993, 86/1994, 196/1994).
>
> La STC 195/1999 recuerda, con cita de la STC 373/1993, que **la mera alegación de una causa o motivo justificado no lleva ipso iure a la suspensión del juicio** "por el contrario, la realidad de lo expresado ha de ser **adverada, con eficacia probatoria y fuerza de convicción suficiente** para llevar al ánimo del juzgador la veracidad de la circunstancia impeditiva de la asistencia (SSTC 3/1993, 196/1994) y, en todo caso, es al órgano judicial a quien corresponde apreciar la concurrencia de las circunstancias imposibilitantes de la comparecencia del actor para acordar la suspensión del juicio, decisión que no admite discrecionalidad alguna pues se ha de adoptar en función de circunstancias concretas, probadas e idóneas

para justificar la suspensión, adecuación que es revisable en vía de recurso (SSTC 237/1988, 9/1993). Habiéndose también exigido que la decisión judicial de considerar desistido al demandante y concluso el proceso se produzca mediante resoluciones que se pronuncien motivadamente sobre la causa de la incomparecencia, la forma y el momento de su justificación (SSTC 130/1986, 21/1989, 9/1993, 218/1993, y 196/1994)», calificando a la enfermedad como justa causa (STC 9/1993)».

Además, la mentada sentencia también se refiere a la necesidad de que la incomparecencia para producir la suspensión deba ir acompañada de un aviso previo, dándole a este el carácter de ineludible:

> «Junto a ello, la anterior sentencia también hace referencia al momento procesal oportuno en que la causa de la incomparecencia debe ser puesta en conocimiento del órgano judicial. Y a tal efecto ha dicho que «el art. 83.2 L.P.L. «exige como presupuesto para la posible suspensión de los actos señalados el **aviso previo**. De la incomparecencia sin aviso previo se deduce una voluntad de abandono de la acción o pretensión. Así, **el aviso previo procesal se convierte en una exigencia procesal, cuyo cumplimiento, salvo circunstancias imposibilitantes, deviene ineludible**, sin que pueda dejarse su cumplimiento al arbitrio de las partes, pues se trata de un requisito de orden público, por lo que escapa al poder de decisión de las partes. La consecuencia que se anuda a la incomparecencia sin aviso previo, a saber, el tener por desistido, es una sanción proporcionada a la garantía de obtener un proceso sin dilaciones indebidas, y al derecho a la tutela judicial de la contraparte, sin que pueda subsanarse un vicio de esta naturaleza porque se sacrificaría la regularidad y el buen funcionamiento del proceso" (STC 373/1993, fundamento jurídico 4º). Aunque también se ha admitido, con carácter excepcional, la justificación a posteriori de la causa de inasistencia concurrida cuando, concretamente, la enfermedad constituya un acontecimiento imprevisible, que además a tenor de las circunstancias concurrentes tenga una capacidad obstativa o paralizante de la actividad normal del sujeto (SSTC 21/1989, 9/1993 y 218/1993)».

A TENER EN CUENTA. Para que proceda la suspensión del acto de juicio es necesario que existan motivos justificados que se acrediten ante el Letrado de la Administración de Justicia y que la justificación a posteriori solo es admisible ante circunstancias sobrevenidas o que hagan imposible su acreditación en el momento del señalamiento. (STS, rec. 94/2015, de 9 de diciembre de 2015, ECLI:ES:TS:2015:5719).

JURISPRUDENCIA

STS, rec. 1555/2005, de 25 de abril de 2006, ECLI:ES:TS:2006:2636

Se mantiene la no procedencia de la suspensión del acto de juicio por incomparecencia, en ese caso, de la parte demandada, partiendo de que «(...) se desprende únicamente que, en la mañana del mismo día señalado para el juicio verbal (no consta a qué hora), la representante de la empresa demandada se personó en la consulta de un médico dentista, presentando un fuere dolor de muelas, que precisó la extracción de una pieza dentaria. Este hecho, tal como consta y se obtiene de las actuaciones,

> *no puede dar lugar por sí sólo a la imposibilidad de ponerlo, por cualquier medio, en conocimiento del Juzgado con anterioridad al acto del juicio ó, al menos, inmediatamente después de la celebración del acto; lejos de ello, la primera y única alegación que consta al respecto se llevó a cabo en el escrito en el que se formalizó el recurso de suplicación, lo que demuestra una total falta de diligencia por parte de la litigante, que no puede justificar, en modo alguno, la decisión de nulidad que la Sala ‹a quo› adoptó›».*

‖ Incomparecencia injustificada del demandado

La incomparecencia injustificada del demandado al acto de conciliación no impedirá la celebración de los actos de conciliación y juicio, continuando este sin necesidad de declarar su rebeldía y sin perjuicio de la sanción que, por esta circunstancia, se podrá imponer en sentencia en los términos establecidos en el artículo 97.3 de la LRJS.

Como hemos tratado al analizar el señalamiento de los actos de conciliación y juicio, en las cédulas de citación se hará constar que los mismo no podrán suspenderse por incomparecencia del demandado, salvo causas justificadas y en los supuestos legalmente previstos (art. 8.4 de la LRJS).

‖ Incomparecencia injustificada de ambas partes

En el supuesto de que ninguna de las partes compareciese, se dará por desistido al demandante y se ordenará el archivo de actuaciones.

‖ Coincidencia de señalamientos

En caso de coincidencia de señalamientos, de no ser posible la sustitución dentro de la misma representación o defensa, una vez justificados los requisitos del ordinal 6º del apartado 1 del artículo 188 de la Ley de Enjuiciamiento Civil, previa comunicación por el solicitante a los demás profesionales siempre que consten sus datos en el procedimiento, se procurará, ante todo, acomodar el señalamiento dentro de la misma fecha y, en su defecto, habilitar nuevo señalamiento, adoptando las medidas necesarias para evitar nuevas coincidencias.

CUESTIONES

1. ¿Qué ocurre cuando se produce una coincidencia de señalamientos?

La LRJS recoge que en caso de coincidencia de señalamientos se procurará acomodar el señalamiento dentro de la misma fecha, y si no fuese posible, habilitar un nuevo señalamiento, adoptando las medidas necesarias para evitar nuevas coincidencias.

2. ¿Qué requisitos se exigen para suspender por coincidencia de señalamientos?

En estos supuestos de coincidencia de señalamientos la LRJS alude a los siguientes requisitos:

– No ser posible la sustitución dentro de la misma representación o defensa.

– Comunicación previa por el solicitante a los demás profesionales, siempre que consten sus datos en el procedimiento.

– Justificación de los requisitos del art. 188.1.6.º de la LEC, es decir, que el abogado defensor acredite tener dos señalamientos para el mismo día en distintos tribunales cuando sea imposible su asistencia a ambos, por horario o por distancia entre ambos órganos judiciales, y haber intentado, sin resultado un nuevo señalamiento que evitara la coincidencia. Además, la solicitud de la suspensión debe realizarse en el plazo de 3 días desde la notificación del señalamiento que se reciba en segundo lugar.

Circunstancias personales o familiares del profesional de la Abogacía y de la procura

Las personas profesionales de la Abogacía y de la procura podrán acogerse a las mismas causas de suspensión por circunstancias personales o familiares que se recogen para cada uno de dichos profesionales en la Ley de Enjuiciamiento Civil. Tales causas de suspensión serán igualmente aplicables a los graduados y graduadas sociales. Esto quiere decir que se podrá solicitar la suspensión y el nuevo señalamiento en los siguientes supuestos:

Que no les resulte posible asistir a la vista en la fecha señalada por causas de fuerza mayor u otros motivos análogos, tales como nacimiento y cuidado de menor, enfermedad grave y accidente con hospitalización, fallecimiento de cónyuge o de persona a la que estuviese unido en relación análoga al matrimonio, fallecimiento de parientes hasta segundo grado de consanguinidad o afinidad o baja laboral certificada por la seguridad social o sistema sanitario o de previsión social equivalente.

Por muerte, enfermedad o imposibilidad absoluta, baja por nacimiento y cuidado de menor del abogado o abogada de la parte que pidiere la suspensión o cualquier otra de las circunstancias previstas en el apartado 3 del artículo 179 de la LEC, justificadas suficientemente, a juicio del letrado o letrada de la Administración de Justicia, siempre que tales hechos se hubiesen producido cuando ya no fuera posible solicitar nuevo señalamiento conforme a lo dispuesto en el art. 183 de la LEC, se garantice el derecho a la tutela judicial efectiva y no se cause indefensión.

Cuando se den otras situaciones análogas previstas en otros sistemas de previsión social y por el mismo tiempo por el que se otorgue la baja y la prestación de los permisos previstos en la legislación de la Seguridad Social.

A TENER EN CUENTA. El art. 188.5 de la LEC dispone en su tercer párrafo que en los casos de urgencia médica ocurrida el mismo día de un señalamiento o dentro de las 24 horas inmediatamente anteriores, para la suspensión del acto procesal bastará la aportación de cualquier medio que permita al tribunal tener conocimiento de la situación generadora de la necesidad de suspensión, sin perjuicio de su necesaria acreditación posterior.

JURISPRUDENCIA

STS n.º 908/2022, de 15 de noviembre de 2022, ECLI:ES:TS:2022:4128

Es ajustada a derecho la decisión judicial de tener por desistida a la parte actora, por incomparecencia al acto de conciliación y juicio, cuando no consta que existiera una causa excepcional que le impidiera haber asistido al referido acto ni avisar previamente al órgano judicial de su imposible comparecencia.

CUESTIÓN

Si no lo notificó con anterioridad, ¿se considera causa justificada la incomparecencia del abogado el retraso de otro procedimiento coincidente en fecha?

La STS n.º 78/2019, de 31 de enero, ECLI:ES:TS:2019:442 da la respuesta a esta cuestión entendiendo que en los casos de incomparecencia del letrado de la parte actora a los actos de conciliación y juicio, por coincidencia de otros señalamientos y sin haber notificado esa situación al órgano judicial conforme a lo dispuesto en el art. 83 de la LRJS, procede tener por desistida a la parte actora, ya que la circunstancia que motivaría la suspensión no fue comunicada previamente:

«(...) se desprenden tres elementos que impiden amparar la actuación de los profesionales que se limitan simplemente a no comparecer al acto de juicio porque coincide en el tiempo con otro señalamiento, sin tan siquiera poner en conocimiento del juzgado esa situación: 1º) Ante todo, la claridad y precisión con la que esos preceptos legales describen la actuación a seguir en esos supuestos, despejando cualquier atisbo de duda que pudiere conducir a su dudosa interpretación; 2º) La sencillez del único requisito que exigen para solicitar la suspensión y aplazamiento del señalamiento coincidente, que consiste en la simple y mera notificación y justificación de esa circunstancia ante el órgano judicial correspondiente; 3º) La gravedad de la consecuencias jurídicas que van aparejadas. En el caso del actor, tenerle por desistido de la demanda; y en el de los demandados, la celebración del juicio en su ausencia.

Tan grave perjuicio obliga a los profesionales a extremar su diligencia y al órgano judicial a exigirles el celoso cumplimiento de las previsiones legales.

Si a esto se añade la facilidad que supone cumplimentar un requisito tan sencillo como es el de poner esa situación en conocimiento del juzgado, la conclusión debe ser la de no ofrecer amparo a aquellas situaciones en las que los profesionales se limitan simplemente a no comparecer en la hora señalada a los actos de conciliación y juicio, con la única excusa de que les coinciden con otro señalamiento y sin haber puesto esa circunstancias en conocimiento del órgano judicial afectado, si no hay causa justa que pudiere erigirse como impedimento para cumplir con un trámite tan elemento y fácil de llevar a la práctica con los modernos medios actuales de comunicación».

6.3. Celebración del juicio y resolución de cuestiones previas

El art. 85 de la LRJS regula la celebración del juicio en el orden social, destacando prohibiciones sobre variaciones sustanciales de la demanda y su práctica en Sala.

Los jueces y tribunales del orden jurisdiccional social y los LAJ en su función de ordenación del procedimiento y demás competencias atribuidas por el artículo 456 de la Ley Orgánica del Poder Judicial, interpretarán y aplicarán las normas reguladoras del proceso social ordinario según los principios de inmediación, oralidad, concentración y celeridad.

La oralidad implica que las partes deben exponer sus pretensiones y defensas de manera verbal durante el juicio. Esto se traduce en que, en el acto del juicio, las partes presentan oralmente sus argumentos, pruebas y conclusiones. La finalidad de este principio es garantizar una mayor inmediatez y celeridad en la resolución de los conflictos laborales, permitiendo al juez una valoración directa y personal de las pruebas y testimonios presentados.

Además, la oralidad facilita la concentración del proceso, es decir, que todas las actuaciones se realicen en una única audiencia o en el menor número posible de sesiones, lo que contribuye a la rapidez y eficiencia del procedimiento.

De esta forma, tras la conciliación interprocesal, se iniciará el juicio oral sujeto a una serie de fases.

6.3.1. Resolución de incidentes previos

En el acto del juicio, habiéndose dado cuenta de lo actuado, se resolverá, en primer término, motivadamente, en forma oral y oídas las partes, sobre las cuestiones previas que se puedan formular en ese acto, así como sobre los recursos u otras incidencias pendientes de resolución, sin perjuicio de la ulterior sucinta fundamentación en la sentencia, cuando proceda.

Igualmente serán oídas las partes y, en su caso, se resolverá, motivadamente y en forma oral, lo procedente sobre las cuestiones que el juez, la jueza o el tribunal pueda plantear en ese momento sobre su competencia, los presupuestos de la demanda o el alcance y límites de la pretensión formulada, respetando las garantías procesales de las partes y sin prejuzgar el fondo del asunto (art. 85.1 de la LRJS).

6.3.2. Ratificación o ampliación de la demanda

A continuación, como indica el art. 85.1 de la LRJS en correspondencia con el 401 de la LEC, el demandante ratificará o ampliará su demanda, aunque en ningún caso podrá hacer en ella variación sustancial.

Conforme destaca la jurisprudencia, la interdicción de la variación sustancial de la demanda tiene su raíz en el «derecho a no sufrir indefensión' en el desarrollo del proceso (STS, rec. 1393/2004, de 18 de julio de 2005), el cual está dirigido a 'garantizar la posibilidad de ambas partes procesales de alegar o probar cuanto consideren preciso a la defensa de sus intereses o derechos en función de igualdad recíproca».

Como señala la STS, rec. 3839/2011, de 15 de noviembre de 2012, la variación debe considerarse sustancial cuando afecta 'de forma decisiva a la configuración de la pretensión ejercitada o a los hechos en que ésta se funda' introduciendo con ello 'un elemento de innovación esencial en la delimitación del objeto del proceso, susceptible a su vez de generar para la parte demandada una situación de indefensión' (STS 9-11-1989). Debe tenerse en cuenta, además, como destaca la sentencia de fecha 13-3-2015 (rec. 37/2015), que la legislación procesal laboral «(...) cuida con esmero las alegaciones sorpresa que, en un proceso oral como el regulado en dicha norma, impiden la adecuada defensa de la parte»; lo que explica, según la misma sentencia precedente, tanto la prohibición de la modificación sustancial de la pretensión, como la prohibición de «la reconvención que no hubiera sido previamente anunciada en conciliación o reclamación previa». (SAN n.º 85/2016, de 18 de mayo de 2016, ECLI:ES:AN:2016:1733).

JURISPRUDENCIA

STS n.º 758/2024, de 29 de mayo del 2024, ECLI:ES:TS:2024:3439

No se produjo una alteración sustancial de la demanda cuando se amplió la demanda y se solicitó la nulidad del despido por no haber seguido los trámites del despido colectivo.

STS n.º 253/2019, de 27 marzo, ECLI:ES:TS:2019:1548

Acordó la nulidad de las actuaciones porque se había presentado un escrito de ampliación de la demanda y no se había dado traslado a la parte demandada. Esta Sala explica que la presentación del escrito de ampliación de la demanda en fecha anterior a la celebración del juicio, debió recibir un tratamiento como si de una nueva demanda se tratara. Por ello, acuerda anular las actuaciones para que se dé traslado a la contraparte y se celebre un juicio nuevo.

STS n.º 436/2020, de 11 de junio, ECLI:ES:TS:2020:2115

Sostiene que «(...) la prohibición de introducir en el proceso una variación sustancial de la demanda se limita únicamente a que se modifique sustancialmente la demanda en el juicio, en el momento de ratificar o ampliar la demanda, ex artículo 85.1 de la LRJS, pero nada impide realizar dicha variación en un momento anterior, siempre que se dé traslado de la misma a la demandada. En consecuencia es irrelevante que los escritos de ampliación de la demanda supongan o no modificación sustancial de la misma, dado que han sido presentados con anterioridad a celebrarse el juicio y cumpliendo los requisitos que pasamos a exponer a continuación».

STS n.º 44/2021, de 14 enero, ECLI:ES:TS:2021:143 y STS n.º 32/2022, de 13 enero, ECLI:ES:TS:2022:102

Admitieron la ampliación de la demanda de despido pero declararon caducada la acción: «La ampliación de la demanda contra quien en todo instante ha sido el real y explícito empresario del trabajador tuvo lugar transcurridos los veinte días hábiles desde su despido, circunstancia que de manera irremediable determinaba la caducidad de la acción de despido».

STS n.º 684/2022. de 20 julio, ECLI:ES:TS:2022:3193

Admitió la ampliación de una demanda de despido colectivo contra otra empresa del mismo grupo:

«Con carácter general, conviene añadir que presentada la ampliación a la demanda se deberá examinar si la misma cumple todos los requisitos formales y los presupuestos procesales necesarios para el ejercicio de la acción. Si es así, el LAJ dictará decreto de admisión a trámite de la demanda (art. 49.2 LRJS y art. 404 LEC). Si, en cambio, se apreciara en la ampliación la concurrencia de un defecto u omisión, se emplazará al demandante para que proceda a su subsanación (art. 81.1 LRJS). Y es que constituye una regla procesal general, derivada del derecho a la tutela judicial efectiva, la obligación de los Tribunales de resolver siempre sobre las pretensiones que los justiciables formulen, pudiendo sólo desestimarlas por defectos en la demanda cuando ésta fuese insubsanable o no se subsanara por el cauce establecido en la ley (art. 11.3 LOPJ)».

6.3.3. Contestación a la demanda

En la contestación a la demanda, siguiendo el art. 405 de la LEC, habrán de negarse o admitirse los hechos aducidos por el demandante. El tribunal podrá considerar el silencio o las respuestas evasivas del demandado como admisión tácita de los hechos que le sean perjudiciales. No obstante, a diferencia de lo dispuesto en el art. 405.3 de la Ley de Enjuiciamiento Civil para el juicio ordinario, según el art. 85.2 de la LRJS, llegados al acto del juicio, en el orden social «El demandado contestará afirmando o negando concretamente los hechos de la demanda, y alegando cuantas excepciones estime procedentes». Es decir, que es en el momento del juicio cuando se contesta a la demanda y **se alegan las excepciones materiales o procesales oportunas** (art. 405 de la LEC).

Únicamente podrá formular reconvención cuando la hubiese anunciado en la conciliación previa al proceso o en la contestación a la reclamación previa en materia de prestaciones de Seguridad Social o resolución que agote la vía administrativa, y hubiese expresado en esencia los hechos en que se funda y la petición en que se concreta. No se admitirá la reconvención, si el órgano judicial no es competente, si la acción que se ejercita ha de ventilarse en modalidad procesal distinta y la acción no fuera acumulable, y cuando no exista conexión entre sus pretensiones y las que sean objeto de la demanda principal.

No será necesaria reconvención para alegar compensación de deudas, siempre que sean vencidas y exigibles y no se formule pretensión de condena reconvencional, y en general cuando el demandado esgrima una pretensión que tienda exclusivamente a ser absuelto de la pretensión o pretensiones objeto de la demanda principal, siendo suficiente que se alegue en la contestación a la demanda. Si la obligación precisa de determinación judicial por no ser líquida con antelación al juicio, será necesario expresar concretamente los hechos que fundamenten la excepción y la forma de liquidación de la deuda, así como haber anunciado la misma en la conciliación o mediación previas, o en la reclamación en materia de prestaciones de Seguridad Social o resolución que agoten la vía administrativa. Formulada la reconvención, se dará traslado a las demás partes para su contestación en los términos establecidos para la demanda. El mismo trámite de traslado se acordará para dar respuesta a las excepciones procesales, caso de ser alegadas (apdos. 3, 4 y 6 del art. 85 de la LRJS).

> **CUESTIÓN**
>
> **¿Qué se considera excepciones procesales?¿y materiales?**
>
> – Las excepciones procesales y materiales son conceptos clave dentro del ámbito del derecho laboral y social, que se refieren a los mecanismos que pueden utilizar las partes en un litigio para cuestionar la demanda o la procedencia de una acción judicial (apdo. 2 y 3 del art. 85 de la LRJS).
>
> – **Excepciones procesales:** aquellas que se refieren a la forma, al procedimiento o a la competencia de los órganos jurisdiccionales. Su finalidad es evitar que el proceso continúe sin resolver estos defectos formales. Entre las excepciones procesales destacan:

» **Inadecuación del procedimiento:** se alega cuando el procedimiento elegido no es el adecuado para el tipo de conflicto. Por ejemplo, si se presenta una demanda por conflicto colectivo cuando debería ser un procedimiento individual. (STSJ de Andalucía n.º 2189/2024, de 31 de octubre del 2024, ECLI:ES:TSJAND:2024:16506).

» **Falta de competencia del Órgano Judicial:** se plantea cuando el tribunal que conoce del asunto no es competente para ello. Por ejemplo, si un tribunal de lo social conoce de un asunto que debería ser resuelto por un tribunal contencioso-administrativo.

» **Falta de legitimación activa o pasiva:** se refiere a la falta de capacidad de la parte demandante o demandada para ser parte en el proceso. Por ejemplo, si una persona que no es trabajador de la empresa demanda a dicha empresa.

– **Excepciones materiales:** se refieren al fondo del asunto y pueden llevar a la desestimación de la demanda si son aceptadas. Entre las más comunes se encuentran:

» **Cosa juzgada:** se alega cuando el asunto ya ha sido resuelto por una sentencia firme anterior. Por ejemplo, si un trabajador demanda por un despido que ya fue declarado procedente en un juicio anterior.

» **Prescripción de caducidad de la acción:** se refiere a la extinción del derecho a reclamar por el transcurso del tiempo. Por ejemplo, si un trabajador demanda por salarios adeudados después de haber transcurrido el plazo de un año desde que debieron ser pagados. Regulación: Art. 59 del Estatuto de los Trabajadores (ET) y Art. 1964 del Código Civil.

» **Pago de la cantidad solicitada.**

6.3.4. Contestación a las excepciones planteadas

Las partes harán uso de la palabra cuantas veces el juez o tribunal lo estime necesario.

En reclamaciones, acumuladas o no, cuando la cuestión debatida afecte a todos o a un gran número de trabajadores o de beneficiarios de la Seguridad Social, siempre que tal circunstancia de afectación general fuera notoria o haya sido alegada y probada en juicio o posea claramente un contenido de generalidad no puesto en duda por ninguna de las partes; así como cuando la sentencia de instancia fuera susceptible de extensión de efectos, las partes podrán alegar cuanto estimen conveniente[apdo. 3. b) del art. 191 de la LRJS], ofreciendo, para el momento procesal oportuno, los elementos de juicio necesarios para fundamentar sus alegaciones. No será preciso aportar prueba sobre esta concreta cuestión cuando el hecho de que el proceso afecta a muchos trabajadores o beneficiarios sea notorio por su propia naturaleza.

Si no se suscitasen cuestiones procesales o si, suscitadas, se hubieran contestado, las partes o sus defensores con el tribunal fijarán los hechos sobre los que exista conformidad o disconformidad de los litigantes, consignándose en caso necesario en el acta o, en su caso, por diligencia, sucinta referencia a aquellos extremos esenciales conformes, a efectos de ulterior recurso. Igualmente podrán facilitar las partes unas notas breves de cálculo o resumen de datos numéricos.

6.3.5. Allanamiento total o parcial

En lugar de contestar a la demanda, el demandado puede expresar su allanamiento.

El allanamiento es una manifestación de conformidad con la petición contenida en la demanda, hecha por el demandado al contestar a ella, o en otro momento procesal, y constitutivo de un medio de extinción del proceso en virtud del reconocimiento y conformidad del demandado, que puede comprender todas las materias de carácter privado que sean objeto de pretensión por las partes y que sean disponibles por ellas, sin que sea lícito, dentro del orden jurídico, oponerse a que los interesados hagan de lo suyo lo que a bien tengan. Se trata de una facultad de disposición sobre el objeto del proceso que la ley reconoce al demandado, conforme al principio dispositivo. (STSJ de Asturias n.º 1236/2024, de 16 de julio del 2024, ECLI:ES:TSJAS:2024:2085).

En el ámbito social la STS n.º 460/2020, de 16 junio, establece:

> «(...) Doctrina incontestada explica que el allanamiento es una manifestación de conformidad con la petición contenida en la demanda, hecha por el demandado al contestar a ella. Se trata de un medio de extinción del proceso a virtud del reconocimiento y conformidad del demandado, que puede comprender todas las materias de carácter privado que sean objeto de pretensión por las partes y que sean disponibles por ellas. Con esas mismas notas, el allanamiento se concibe como forma de aceptar la pretensión expresada por el recurso [...] Recapitulación. Como queda expuesto, nuestra doctrina viene admitiendo, de modo pacífico y con las imprescindibles adaptaciones al caso, el juego del allanamiento (tanto total como parcial) en el ámbito del proceso laboral. En particular: la manifestación de conformidad con la demanda ha de ser clara; su existencia juega en contra del carácter controvertido de lo reclamado y aceptado; cabe el allanamiento parcial; cuando acaece, ha de tenerse presente en las sucesivas fases procesales».

A partir de la citada caracterización ha de decirse que **el allanamiento puede producirse en cualquier momento del procedimiento con carácter previo al dictado de la sentencia firme.** Y, en segundo lugar, el **efecto vinculante del allanamiento** viene determinado porque la manifestación de voluntad de la parte tenga las notas antes apuntadas y no por su acogimiento por el Tribunal, de suerte que el hecho de que no se haya dictado un auto aprobándolo no tiene trascendencia alguna. Y, finalmente, **producido el allanamiento expresamente formulado por la parte, no puede ésta en un momento posterior retirarlo, menos aún en el acto de juicio, lo que provocaría una evidente indefensión a la contraparte.**

Siguiendo lo anterior, el art. 85.7 de la LRJS establece que, en caso de allanamiento total o parcial será aprobado por el órgano jurisdiccional, oídas las demás partes, de no incurrir en renuncia prohibida de derechos, fraude de ley o perjuicio a terceros, o ser contrario al interés público, mediante resolución que podrá dictarse en forma oral.

- Si el **allanamiento fuese total** se dictará sentencia condenatoria de acuerdo con las pretensiones del actor.

- Cuando el allanamiento sea parcial, podrá dictarse auto aprobatorio, que podrá llevarse a efecto por los trámites de la ejecución definitiva parcial, siempre que por la naturaleza de las pretensiones objeto de allanamiento, sea posible un pronunciamiento separado que no prejuzgue las restantes cuestiones no allanadas, respecto de las cuales continuará el acto de juicio.

6.3.6. Práctica de la prueba en el acto de juicio

Abierto el juicio a prueba, las partes propondrán sus respectivas pruebas para su admisión y posterior práctica siguiendo lo establecido en el art. 87 de la LRJS.

> **A TENER EN CUENTA**. Este punto se desarrolla en el apartado 6.4. Los medios de prueba en el proceso laboral.

6.3.7. Posibilidad de llegar a un acuerdo

El juez o tribunal, una vez practicada la prueba y antes de las conclusiones, salvo que exista oposición de alguna de las partes, podrá suscitar la posibilidad de llegar a un acuerdo y de no alcanzarse el mismo en ese momento proseguirá la celebración del juicio (art. 85.8 de la LRJS).

6.3.8. Conclusiones

Ya dentro de lo que podríamos denominar finalización del juicio oral una vez practicada la prueba y antes de que las partes o sus defensores o representantes, en su caso, formularán oralmente sus conclusiones en virtud de lo establecido en el art. 87.4 de la LRJS. Para ello el juez o tribunal otorgará la palabra primero al demandante y luego al demandado.

Las conclusiones se formularán oralmente de un modo concreto y preciso, determinando en virtud del resultado de la prueba, de manera líquida y sin alterar los puntos fundamentales y los motivos de pedir invocados en la demanda o en la reconvención, si la hubiere, las cantidades que, por cualquier concepto, sean objeto de petición de condena principal o subsidiaria; o bien, en su caso, formularán la solicitud concreta y precisa de las medidas con que puede ser satisfecha la pretensión ejercitada.

Si las partes no lo hicieran en este trámite, al tratarse de un trámite obligatorio, el juez o tribunal deberá requerirles para que lo hagan, sin que en ningún caso pueda reservarse tal determinación para la ejecución de sentencia.

Si el órgano judicial no se considerase suficientemente ilustrado sobre las cuestiones de cualquier género objeto del debate, concederá a ambas partes el tiempo que crea conveniente, para que informen o den explicaciones sobre los particulares que les designe (art. 87.5 de la LRJS).

Tras este acto, los autos estarán concluidos y vistos para sentencia.

6.3.9. Diligencias finales

Terminado el juicio, dentro del plazo para dictar sentencia, el juez o tribunal podrá acordar la práctica de cuantas pruebas estime necesarias, como diligencias finales, con intervención de las partes y en la forma establecida para las pruebas de su clase. En la misma providencia se fijará el plazo dentro del cual haya de practicarse la prueba, que no excederá de veinte días, o se señalará comparecencia para la práctica de la misma y valoración por las partes del resultado. De no haber señalado comparecencia, el resultado de la **diligencia final se pondrá de manifiesto durante tres días a las partes en la oficina judicial para alegaciones sobre su alcance e importancia**, salvo que pueda darse traslado por vía telemática a los mismos fines y por igual plazo (art. 88 de la LRJS y arts. 435 y 436 de la LEC).

A TENER EN CUENTA. Su práctica es facultativa para el órgano judicial.

Transcurrido el plazo inicial de práctica sin haberse podido llevar a efecto, el órgano judicial dictará un nuevo proveído, fijando nuevo **plazo no superior a diez días para la ejecución del acuerdo y librando las comunicaciones oportunas**. Si dentro de éste tampoco se hubiera podido practicar la prueba, el juez o tribunal, previa audiencia de las partes, acordará que los autos queden definitivamente conclusos para sentencia.

Si la diligencia consistiera en el interrogatorio de parte o en la aportación de algún documento por alguna de las partes y ésta no compareciese o no lo presentase sin causa justificada en el plazo fijado, podrán estimarse probadas las alegaciones hechas por la parte contraria en relación con la prueba acordada.

> **CUESTIÓN**
>
> **¿Cuál es la finalidad del trámite de diligencias finales?**
>
> Permitir al juez o tribunal la práctica de cuantas pruebas estime necesarias antes de dictar sentencia para la solución de las dudas que pudiera tener sobre el caso. Este trámite se realiza con la intervención de las partes y tiene como objetivo asegurar que se evalúan adecuadamente todas las pruebas pertinentes para la resolución del litigio, garantizando así un proceso justo y transparente. Además, se establece un procedimiento claro en cuanto a los plazos para la práctica de las pruebas y la posibilidad de alegar sobre el resultado de las diligencias, lo que contribuye a la eficacia y celeridad en la administración de justicia.

6.4. Los medios de prueba en el proceso laboral

Las partes podrán solicitar los **medios de prueba** que se encuentran regulados en la ley, previa justificación de la utilidad y pertinencia de las mismas.

Interrogatorio de partes	Las preguntas para la prueba de interrogatorio de partes se propondrán verbalmente.	Sin admisión de pliegos (art. 91 de la LRJS).	
	Si el llamado al interrogatorio no compareciere sin justa causa a la primera citación, rehusase declarar o persistiese en no responder afirmativa o negativamente, a pesar del apercibimiento que se le haya hecho.	Podrán considerarse reconocidos como ciertos los hechos, siempre que hubiese intervenido personalmente y su fijación como ciertos le resultare perjudicial.	
	Interrogatorio de las personas jurídicas privadas.	Se practicará con quien legalmente las represente y tenga facultades para responder a tal interrogatorio.	
	En caso de que el interrogatorio no se refiera a hechos personales.	Si la parte así lo solicita y acepta la responsabilidad de la declaración.	Se admitirá que sea respondido por un tercero que conozca personalmente los hechos.

Testifical	No se admiten escritos de preguntas y repreguntas para la prueba testifical.	
	Cuando el número de testigos fuese excesivo (art. 92 de la LRJS).	El juez puede limitar el número de testigos para evitar la reiteración inútil.
	En conclusiones:	Las partes podrán hacer las observaciones que sean oportunas respecto de las circunstancias personales y sobre la veracidad de sus manifestaciones.

Pericial	Se lleva a cabo en el acto del juicio, presentado los peritos su informe y ratificándolo.		
	De oficio o a petición de parte.	En los en que sea necesario su informe.	El órgano judicial podrá requerir la intervención de un médico forense.

Documental	Adecuadamente presentada, ordenada y numerada	Traslado a las partes en el acto del juicio para su examen (art. 94 de la LRJS).	
	Reproducción mecánica de la palabra, la imagen y el sonido.	Se admitirá siempre que se hayan obtenido legalmente (art. 90 de la LRJS).	
	Presentación de documentos sin causa justificada.	Podrán estimarse probadas las alegaciones hechas por la parte contraria en relación con la prueba acordada.	Corresponde al demandado la aportación de una justificación objetiva y razonable, suficientemente probada, de las medidas adoptadas y de su proporcionalidad (art. 96 de la LRJS).
	Discriminación por razón de sexo, orientación o identidad sexual, origen racial o étnico, religión o convicciones, discapacidad, edad, acoso y en cualquier otro supuesto de vulneración de un derecho fundamental o libertad pública.	El demandado aportará justificación objetiva y razonable, suficientemente probada, de las medidas adoptadas y de su proporcionalidad (art. 96 de la LRJS).	

En cuanto a la admisibilidad de los medios de prueba debemos estar a lo dispuesto en el art. 90 de la LRJS que comienza señalando:

«Las partes, previa justificación de la utilidad y pertinencia de las diligencias propuestas, podrán servirse de cuantos medios de prueba se encuentren regulados en la Ley para acreditar los hechos controvertidos o necesitados de prueba, incluidos los procedimientos de reproducción de la palabra, de la imagen y del sonido o de archivo y reproducción de datos, que deberán ser aportados por medio de soporte adecuado y poniendo a disposición del órgano jurisdiccional los medios necesarios para su reproducción y posterior constancia en autos».

Entre los diferentes medios de prueba que pueden solicitar, se encuentran los procedimientos de reproducción de la palabra, imagen, sonido, archivo, reproducción de datos, que deberán ser aportados por medio de soporte adecuado y poniendo a disposición del órgano jurisdiccional los medios necesarios para su reproducción y posterior constancia en autos. El TSJ de la Comunidad Valenciana, en la **sentencia n.º 2655/2019, de 12 de noviembre, ECLI:ES:TSJCV:2019:6921**, ha señalado que «(...) se considera más acorde con la tutela judicial efectiva, con la búsqueda de la verdad material y con la jurisprudencia sobre la práctica probatoria y los derechos fundamentales que puedan estar en juego, que la prueba de grabación sea practicada en el acto del juicio, y luego, libremente valorada por la juez de instancia, quedado incorporada a los autos su transcripción (...)».

En ningún caso, se admitirán pruebas que tuvieran su origen o hubieran sido obtenidas, directa o indirectamente, mediante procedimientos que supongan una violación de los derechos fundamentales o libertades públicas. Esta cuestión podrá ser suscitada por cualquiera de las partes o de oficio por el tribunal en el momento de la proposición de la prueba, salvo que se pusiese de manifiesto durante la práctica de la prueba una vez admitida.

> **JURISPRUDENCIA**
>
> **Sentencia del Tribunal Supremo n.º 696/2022, de 26 de julio, ECLI:ES:TS:2022:3192**
>
> *«B) La STC 61/2021 advierte que la interpretación constitucional no es instrumento adecuado para descartar ninguna de las dos opciones interpretativas enfrentadas (a saber: siempre será nulo el despido cuando se base en una prueba nula; siempre será improcedente si se elimina la prueba nula y no existen otras válidas):*
>
> *No es esta sentencia el marco adecuado para exponer los elaborados argumentos favorables y contrarios a cada una de las dos interpretaciones del mencionado precepto, que, incluso utilizando los mismos métodos de interpretación alcanzan conclusiones opuestas. Basta destacar en este punto, que la sentencia impugnada distingue aquellos supuestos en que la decisión extintiva vulnera un derecho fundamental —en cuyo caso necesariamente procede la declaración de nulidad del despido—, de aquellos otros en que el despido no ha ocasionado dicha vulneración, al haberse derivado esta del proceso de obtención de pruebas, por lo que podrá ser calificado como procedente o no, en función de que existan pruebas desconectadas de la obtenida con violación de derechos fundamentales y libertades públicas (art. 90.2 LJS).*
>
> *3. No es irrazonable desligar la nulidad de la prueba de la calificación del despido.*
>
> *El Tribunal Constitucional afirma de manera frontal que un despido no es necesariamente nulo por el hecho de que venga basado en una fuente probatoria que haya comportado la vulneración de derechos fundamentales. Se trata, precisamente, de la opción asumida por la sentencia referencial invocada en este recurso (al igual que la objeto del amparo constitucional en el asunto de la STC 61/2021):*
>
> *(...)*
>
> *4. La posible vinculación entre la prueba y el despido.*
>
> *Al explicar que el debate trabado en el caso es ajeno a los derechos fundamentales invocados (intimidad, propia imagen, tratamiento de datos) y que debe abordarse desde la perspectiva de una eventual vulneración de la tutela judicial, la STC 61/2021 apunta la que, a nuestro entender, constituye la clave del problema que se nos ha suscitado:*
>
> *Proyectada dicha doctrina constitucional a la cuestión planteada, podemos afirmar que no puede proclamarse que entre la calificación del despido y la reconocida lesión extraprocesal de un derecho fundamental pueda afirmarse la existencia de una "consecutividad lógica y jurídica". Dicho en otros términos, no existe un derecho constitucional a la calificación del despido laboral como nulo, por lo que la pretensión de la actora no puede tener sustento en una vulneración de los derechos reconocidos en el art. 18.1 y 3 CE».*

Contra la resolución que se dicte sobre la pertinencia de la práctica de la prueba y, en su caso, de la unión a los autos de su resultado o del elemento material que incorpore la misma, solo cabrá **recurso de reposición,** que se interpondrá, se dará traslado a las demás partes y se resolverá oralmente en el mismo acto del juicio o comparecencia, quedando a salvo el derecho de las partes a reproducir la impugnación de la prueba ilícita en el recurso que, en su caso, procediera contra la sentencia.

CUESTIÓN

¿La impugnación de documentación que se ha admitido como medio de prueba impide que el juzgador pueda otorgarle valor probatorio?

No, como ha declarado el Tribunal Supremo en la **sentencia n.º** 259/2023, de 12 de abril, ECLI:ES:TS:2023:1609:

«El haber impugnado una documentación que se ha admitido como medio de prueba no impide que el juzgador o sala de instancia pueda otorgarle valor probatorio, lo importante, en relación con el debate que la parte presenta en este motivo, es que si entiende que la parte demandada no puede presentar en este proceso prueba documental alguna que no sea la que ya figura en el ERTE, lo que debió hacer no es impugnar el/os documento/s sino oponerse a su admisión como medio de prueba (art. 87.2 de la LRJS, en relación con el art. 285.2 de la Ley de Enjuiciamiento Civil, supletoria en este orden jurisdiccional)».

Podrán asimismo solicitar, **al menos con diez días de antelación a la fecha del juicio**, diligencias de preparación de la prueba a practicar en juicio salvo cuando el señalamiento se deba efectuar con antelación menor, en cuyo caso el plazo será de tres días, y sin perjuicio de lo que el juez, la jueza o el tribunal decida sobre su admisión o inadmisión en el acto del juicio (art. 90.3 de la LRJS, **con efectos de 03/04/2025).**

Cuando sea necesario a los fines del proceso el acceso a documentos o archivos, en cualquier tipo de soporte, que pueda afectar a la intimidad personal u otro derecho fundamental, el juez o tribunal, siempre que no existan medios de prueba alternativos, podrá autorizar dicha actuación, mediante auto, previa ponderación de los intereses afectados a través de juicio de proporcionalidad y con el mínimo sacrificio, determinando las condiciones de acceso, garantías de conservación y aportación al proceso, obtención y entrega de copias e intervención de las partes o de sus representantes y expertos, en su caso.

En caso de que el afectado no preste su consentimiento, podrán adoptarse las garantías cuando la emisión de un dictamen pericial médico o psicológico requiera el sometimiento a reconocimientos clínicos, obtención de muestras o recogida de datos personales relevantes, bajo reserva de confidencialidad y exclusiva utilización procesal, pudiendo acompañarse el interesado de especialista de su elección y facilitándole copia del resultado.

Sin embargo, no será necesaria la autorización judicial si la actuación viniera exigida por las normas de prevención de riesgos laborales, por la gestión o colaboración de la Seguridad Social, por la específica normativa profesional aplicable o por norma legal o convencional aplicable a la materia.

Si como resultado de las medidas anteriores se obtuvieran datos innecesarios, ajenos a los fines del proceso o que pudieran afectar de manera injustificada o desproporcionada a derechos fundamentales o a libertades públicas, se resolverá lo necesario para preservar y garantizar adecuada y suficientemente los intereses y derechos que pudieran resultar afectados.

Si la negativa de la persona afectada se considerará injustificada, la parte interesada podrá solicitar la adopción de medidas, y como dice literalmente el párrafo séptimo del art. 90 de la LRJS: «(...) pudiendo igualmente valorarse en la sentencia dicha conducta para tener por probados los hechos que se pretendía acreditar a través de la práctica de dichas pruebas, así como a efectos de apreciar temeridad o mala fe procesal».

6.4.1. Prueba testifical

La prueba testifical es un medio concreto de prueba de naturaleza personal por el que una persona física ajena al proceso, denominada testigo, declara sobre hechos percibidos, vistos y oídos por ella o que ha sabido de referencia y sobre los cuales viene a ser interrogada.

Por testigo se entiende, como **referencia personal**, a toda aquella persona que la ley determina como necesaria de cara a poder testificar de la celebración y validez de determinados actos jurídicos. La segunda acepción, **referida al objeto,** es la que se refiere a las personas que testifican sobre hechos objeto de litigiosidad de los que conocen por diferentes razones y que pueden ser útiles para la resolución judicial, es decir, no son otra cosa que personas que dan fe de lo que perciben.

La LRJS es poco explícita en cuanto a la prueba testifical destacando lo que nos obliga a recurrir a la LEC de manera supletoria (D.A. 1.ª de la LEC):

Art. 76.2 de la LRJS, permite solicitar el examen de testigos en actos preparatorios y medidas precautorias en el proceso ordinario.

Art. 88.1 de la LRJS, faculta al magistrado a acordar la práctica de cuantas pruebas estime necesarias para mejor proveer, incluyendo la testifical de manera implícita.

Art. 92 de la LRJS, se destacan algunas diferencias con el procedimiento civil: no se admiten escritos de preguntas ni de repreguntas; el magistrado puede limitar discrecionalmente el número de testigos; y no se permite la tacha de testigos.

Aunque la LRJS no menciona expresamente el juramento o promesa de decir verdad, se aplica supletoriamente el artículo 365 de la LEC, que establece esta formalidad como requisito previo al examen de los testigo.

Los testigos, y los ciudadanos en general, tienen el deber de aportar y testificar ante la Administración de Justicia, para esclarecer los hechos. Destacando los siguientes:

a) Deber de comparecer	El juez podrá emplear los medios necesarios para obligar a comparecer a los testigos de no existir causa justificada para su incomparecencia.

b) Deber de prestar juramento	Se exceptúa al menor de 14 años.
	La negativa al juramento o promesa se asimilará del mismo modo que una negativa a declarar.
c) Deber de declarar	Consiste en contestar a las preguntas que se le formule.
	No están obligados por este deber quienes tengan obligación de guardar secreto en función de su estado o profesión.
d) Deber de decir la verdad	Si el testigo mintiese será sancionado por delito de falso testimonio.
	Todo ciudadano tiene derecho a no declarar contra sí mismo.

‖ Tipos de testigos

Existen diferentes clasificaciones para los distintos tipos de testigos:

a) En función del sentido mediante el cual perciben el objeto del que ofrecen testimonio jurídico o judicial:	Testigos oculares o presenciales	Aquellos que han presenciado el asunto sobre el cual testifican.
	Testigos de oídas o auriculares	Quienes testifican tomando como referencia lo oído a otros.
b) En función del ámbito en el que testifican:	Testigos instrumentales	En el caso de asistencia al otorgamiento de un instrumento o escritura pública.
	Testigo judicial	Declara ante un órgano jurisdiccional.
c) En función de la veracidad de su testimonio:	Testigos falsos	Aquel que miente intencionadamente.
	Testigo necesario	Tiene tacha legal, pero declara por no poder recurrirse a otros testigos.
	Testigos contestes	Aquellos cuyas declaraciones se conforman a las de otros.

‖ Capacidad para ser testigo

Según la Ley de Enjuiciamiento Civil podrán ser testigos todas las personas, salvo las que se hallen permanentemente privadas de razón o del uso de sentidos respecto de hechos sobre los que únicamente quepa tener conocimiento por dichos sentidos y en el caso de menores de catorce años podrán declarar como testigos si, a juicio del tribunal, poseen el discernimiento necesario para conocer y para declarar verazmente (art. 361 de la LEC). (STS, rec. 2/2010, de 20 de diciembre de 2010, ECLI:ES:TS:2010:7511).

|| Designación y limitación del número de testigos

Al proponer la prueba de testigos, se expresará su identidad, con indicación, en cuanto sea posible, del nombre y apellidos de cada uno, su profesión y su domicilio o residencia, el cargo que ostentare o cualesquiera otras circunstancias de identificación, así como el lugar en que pueda ser citado (art. 362 de la LEC).

Las partes podrán proponer cuantos testigos estimen conveniente, pero los gastos de los que excedan de tres por cada hecho discutido serán en todo caso dé cuenta de la parte que los haya presentado.

En el caso de que el tribunal hubiese escuchado el testimonio de al menos tres testigos, podrá obviar las declaraciones testificales que faltaren, referentes a ese mismo hecho, si considerare que con las emitidas ya ha quedado suficientemente ilustrado.

|| Interrogatorio de las partes y de los de testigos

Dentro de la prueba del interrogatorio, se diferencia el interrogatorio de las partes y el interrogatorio de testigos.

Las preguntas que se realicen en el **interrogatorio de las partes** se realizarán en forma verbal, «sin admisión de pliegos».

Si la parte llamada al interrogatorio no compareciese sin alegar justa causa, a la primera citación, rehusase declarar o persistiese en no responder, será apercibido, y además podrán ser considerados como ciertos los hechos en la sentencia, siempre que el interrogado hubiese intervenido en ellos y su consideración como ciertos le fuese perjudicial.

En el supuesto del interrogatorio de una persona jurídica privada, se realizará con la persona que lo represente y tenga facultades para ello.

El apartado quinto del art. 91 de la LRJS, en relación con el interrogatorio de los administradores, gerentes o directivos, expresa lo siguiente:

> «La declaración de las personas que hayan actuado en los hechos litigiosos en nombre del empresario, cuando sea persona jurídica privada, bajo la responsabilidad de éste, como administradores, gerentes o directivos, solamente podrá acordarse dentro del interrogatorio de la parte por cuya cuenta hubieran actuado y en calidad de conocedores personales de los hechos, en sustitución o como complemento del interrogatorio del representante legal, salvo que, en función de la naturaleza de su intervención en los hechos y posición dentro de la estructura empresarial, por no prestar ya servicios en la empresa o para evitar indefensión, el juez o tribunal acuerde su declaración como testigos. Las referidas prevenciones deberán advertirse expresamente al efectuar la citación para el interrogatorio en juicio».

Por lo que respecta al **interrogatorio de testigos**, se prohíbe escritos de preguntas y repreguntas. Se señala que cuando el número de testigos fuese excesivo, y sus manifestaciones pudieran constituir una reiteración de testimonio sobre hechos suficientemente esclarecidos, el órgano judicial podrá limitarlos discrecionalmente.

Únicamente en sus conclusiones, las partes podrán hacer observaciones que sean oportunas sobre las circunstancias personales y la veracidad de sus manifestaciones.

No obstante, como expresa el apartado tercero del art. 92 de la LRJS:

> «La declaración como testigos de personas vinculadas al empresario, trabajador o beneficiario, por relación de parentesco o análoga relación de afectividad, o con posible interés real en la defensa de decisiones empresariales en las que hayan participado o por poder tener procedimientos análogos contra el mismo empresario o contra trabajadores en igual situación, solamente podrá proponerse cuando su testimonio tenga utilidad directa y presencial y no se disponga de otros medios de prueba, con la advertencia a los mismos, en todo caso, de que dichas circunstancias no serán impedimento para las responsabilidades que de su declaración pudieren derivarse».

6.4.2. Prueba pericial

La **prueba pericial** se realizará en el acto del juicio presentando los peritos los informes y ratificándolos. Aunque no será necesaria la ratificación de: informes, actuaciones obrantes en expedientes y demás documentación administrativa cuya aportación sea perceptiva por la modalidad procesal de que se trate (art. 93 de la LRJS).

Un perito es una persona con conocimientos científicos, artísticos o prácticos que le permiten apreciar hechos de influencia en el pleito. Según el artículo 335 de la Ley de Enjuiciamiento Civil (LEC), el perito informa bajo juramento sobre asuntos litigiosos relacionados con su especial saber o experiencia

La práctica de la prueba pericial se llevará a cabo en el acto del juicio, presentando los peritos su informe y ratificándolo. Como sucede con la prueba testifical, la LRJS no es muy explícita en cuanto a la prueba pericial. Se limita a prescribir que el órgano judicial puede hacer preguntas a los peritos y que estos deben firmar el acta del juicio (art. 87.3 y 89.4 y 5 de la LRJS). Además, el artículo 93 de la LRJS establece que no se aplicarán las reglas generales sobre insaculación de peritos de la LEC y faculta al órgano judicial, de oficio o a petición de parte, a requerir la intervención de un médico forense, en los casos en que sea necesario su informe en función de las circunstancias particulares del caso, de la especialidad requerida y de la necesidad de su intervención, a la vista de los reconocimientos e informes que constaren previamente en las actuaciones.

No será necesaria ratificación de los informes, de las actuaciones obrantes en expedientes y demás documentación administrativa cuya aportación sea preceptiva según la modalidad procesal de que se trate.

|| Características del perito

Los peritos pueden ser personas físicas o jurídicas. La Ley de Enjuiciamiento Civil admite como peritos tanto a una persona física como jurídica. De forma que:

Persona física	El perito debe acreditar la posesión de los conocimientos necesarios sobre la materia a tratar.
Persona jurídica	Puede ser tanto pública como privada. Estos no tendrán que acreditar esos conocimientos, pues se considera implícito a la actividad que se está desarrollando.

En casos de despidos objetivos por causas técnicas, organizativas y de producción, los dictámenes sobre la situación económica de las empresas, presentados en forma de auditorías, son especialmente importantes. La pericial médica es la más frecuente en la jurisdicción laboral, debido a que muchos juicios versan sobre incapacidades, invalideces, enfermedades profesionales y accidentes de trabajo. El magistrado debe valorar las diferentes pericias médicas para establecer su convicción.

|| Recusación de los peritos

Tanto los peritos titulares como los suplentes designados por el tribunal mediante sorteo podrán ser recusados (124 de la LEC). Aunque la LRJS no contempla expresamente la recusación de peritos, es posible según el artículo 89 de la LRJS, que incluye en el acta del juicio un «resumen suficiente de los informes periciales, así como también de la resolución del juez o tribunal en torno a las recusaciones propuestas de los peritos».

Los peritos autores de dictámenes presentados por las partes sólo podrán ser objeto de tacha por las siguientes causas (pero nunca por las partes):

- Ser cónyuge o pariente por consanguinidad o afinidad, dentro del cuarto grado civil de una de las partes o de sus abogados o procuradores (art. 343 de la LEC).
- Tener interés directo o indirecto en el asunto o en otro semejante.
- Estar o haber estado en situación de dependencia o de comunidad o contraposición de intereses con alguna de las partes o con sus abogados o procuradores.
- Amistad íntima o enemistad con cualquiera de las partes o sus procuradores o abogados.
- Cualquier otra circunstancia, debidamente acreditada, que les haga desmerecer en el concepto profesional.

La recusación se hará en escrito firmado por el abogado y el procurador de la parte, si intervinieran en la causa, y dirigido al titular del Juzgado o al Magistrado ponente, si se tratase de tribunal colegiado. Debiendo constar expresamente la causa de la recusación y los medios para probarla (art. 125 de la LEC).

Han de cumplirse una serie de requisitos:

Si la causa de la recusación fuera anterior a la designación del perito:	El escrito deberá presentarse dentro de los dos días siguientes al de la notificación del nombramiento.
Si la causa de la recusación fuera posterior a la designación, pero anterior a la emisión del dictamen:	El escrito podrá presentarse antes del día señalado para el juicio o vista o al comienzo de los mismos.
Después del juicio o vista:	No podrá recusarse al perito.

> **A TENER EN CUENTA**. El régimen de condena en costas aplicable a la recusación de los peritos será el mismo previsto para el incidente de recusación de Jueces y Magistrados (art. 128 de la LEC).

|| Procedimiento probatorio para la práctica de la prueba pericial

En la práctica de la prueba pericial no serán de aplicación las reglas generales sobre insaculación (sorteo) de peritos (art. 93.1 de la LRJS).

El procedimiento en el proceso laboral será el siguiente:

1. Las partes acudirán al acto de la vista acompañados por los peritos.
2. Las partes proponen la prueba pericial.
3. El juez o Tribunal, si lo estima procedente, admite la prueba.
4. El perito jura debiendo responder a las dos partes y al juez sobre las preguntas relativas al objeto del pleito.

En los procesos sobre interpretación de un convenio colectivo: el órgano judicial podrá oír o recabar informe de la comisión paritaria del mismo (art. 95 de la LRJS).

En los procesos sobre discriminación por razón de sexo: el Juez o Tribunal podrá recabar el dictamen de los organismos públicos competentes.

|| Valoración del informe pericial

El informe pericial no vincula al magistrado, quien lo apreciará de acuerdo con su criterio valorativo, sometido a las reglas de la sana crítica. Esta valoración puede ser motivo de recurso por infracción de ley y doctrina legal si se acredita que el juzgador incurrió en error de hecho al valorar dicho medio de prueba.

> **CUESTIÓN**
>
> **Si la firma de un documento por parte del trabajador es controvertida, ¿es posible en el orden social solicitar un informe pericial caligráfico?**
>
> Sí. El artículo 91 de la LRJS permite la presentación de pruebas que sean pertinentes y útiles para aclarar los hechos en litigio. Así, un informe pericial caligráfico podría ser considerado como un medio de prueba adecuado para resolver la controversia sobre la autenticidad de la firma en cuestión. Recapitulando, sí es posible

solicitar un informe pericial caligráfico en el proceso social si la autenticidad de la firma de un documento es discutida, siempre que se considere relevante para la resolución del caso en concreto. A pesar de que la LRJS no hace mención expresa a la prueba de peritos calígrafos su regulación debe entenderse referida a los arts. 362 y ss. de la LEC.

6.4.3. Prueba documental

La prueba documental es el medio probatorio consistente en un escrito o un soporte material en que consten datos fidedignos o susceptibles de ser empleados para demostrar y hacer patente la verdad o falsedad de algo que se alega en una causa *(Diccionario del español jurídico)*.

La prueba documental puede consistir en la aportación de documentos públicos o documentos privados. Conforme señala el art. 317 de la LEC a estos efectos se consideran documentos públicos:

«1.º Las resoluciones y diligencias de actuaciones judiciales de toda especie y los testimonios que de las mismas expidan los Letrados de la Administración de Justicia.

2.º Los autorizados por notario con arreglo a derecho.

3.º Los intervenidos por Corredores de Comercio Colegiados y las certificaciones de las operaciones en que hubiesen intervenido, expedidas por ellos con referencia al Libro Registro que deben llevar conforme a derecho.

4.º Las certificaciones que expidan los Registradores de la Propiedad y Mercantiles de los asientos registrales.

5.º Los expedidos por funcionarios públicos legalmente facultados para dar fe en lo que se refiere al ejercicio de sus funciones.

6.º Los que, con referencia a archivos y registros de órganos del Estado, de las Administraciones públicas o de otras entidades de Derecho público, sean expedidos por funcionarios facultados para dar fe de disposiciones y actuaciones de aquellos órganos, Administraciones o entidades».

Los documentos que no se encuentren en la enumeración citada se consideran documentos privados a los efectos de prueba.

La regulación de la prueba documental la encontramos en el art. 94 de la LRJS que comienza señalando que la prueba documental debe estar adecuadamente presentada, ordenada y numerada y de la misma se dará traslado a las partes en el acto del juicio para su examen.

Continúa el señalado precepto estableciendo que los documentos y otros medios de obtener certeza sobre hechos relevantes que se encuentren en poder de las partes deberán aportarse al proceso si hubieran sido propuestos como medio de prueba por la parte contraria y admitida esta por el juez o tribunal o cuando este haya requerido su aportación. Si no se presentaren sin causa justificada, podrán estimarse probadas las alegaciones hechas por la contraria en relación con la prueba acordada.

Este deber de exhibición documental entre las partes, en armonía con el art. 328 de la LEC, supone que cada parte podrá solicitar de las demás la exhibición de documento que no se hallen a disposición de ella y que se refieran al objeto del proceso o a la eficacia de los medios de prueba. Si estos no se presentaran sin causa justificada, en virtud del principio de paridad procesal entre las partes, podrán estimarse probadas las alegaciones hechas por la contraria en relación con la prueba acordada, lo que es tanto como afirmar que el precepto faculta pero no obliga a la *ficta documentatio* y así lo ha señalado el **TSJ de Madrid en la sentencia n.º 695/2023, de 12 de julio, ECLI:ES:TSJM:2023:7963.**

Estos documentos tendrán las siguientes particularidades:

|| Documentos públicos

Son documentos públicos los autorizados por un Notario o empleado público competente, con las solemnidades requeridas por la ley (art. 1216 del Código Civil). Los tipos, a efectos de prueba en el proceso, son (art. 317 de la LEC):

- Las resoluciones y diligencias de actuaciones judiciales de toda especie y los testimonios que de las mismas expidan los letrados de la Administración de Justicia.

- Los autorizados por notario con arreglo a derecho.

- Los intervenidos por corredores de comercio colegiados y las certificaciones de las operaciones en que hubiesen intervenido, expedidas por ellos con referencia al libro registro que deben llevar conforme a derecho.

- Las certificaciones que expidan los registradores de la propiedad y mercantiles de los asientos registrales.

- Los expedidos por funcionarios públicos legalmente facultados para dar fe en lo que se refiere al ejercicio de sus funciones.

- Los que, con referencia a archivos y registros de órganos del Estado, de las Administraciones públicas o de otras entidades de derecho público, sean expedidos por funcionarios facultados para dar fe de disposiciones y actuaciones de aquellos órganos, administraciones o entidades.

|| Documentos públicos administrativos

Los válidamente emitidos por los órganos de las Administraciones públicas por escrito, a través de medios electrónicos, a menos que su naturaleza exija otra forma más adecuada de expresión y constancia.

> **A TENER EN CUENTA**. Para ser considerados válidos, los documentos electrónicos administrativos deberán cumplir los requisitos del art. 26 de la Ley 39/2015, de 1 de octubre.

Dentro de estos documentos se diferencias distintos **tipos:**

- Los expedidos por funcionarios públicos legalmente facultados para dar fe (art. 317 de la LEC).

- Los que, con referencia a archivos y registros de órganos del Estado, de las Administraciones públicas o de otras entidades de derecho público, sean expedidos por funcionarios facultados para dar fe de disposiciones y actuaciones de aquellos órganos, administraciones o entidades (art. 317.6 de la LEC).

Documentos privados

Se califican como documentos privados, a efectos probatorios, los que no se consideren como públicos (arts. 317 y 324 de la LEC):

- El documento privado, reconocido legalmente, tendrá el mismo valor que la escritura pública entre los que lo hubiesen suscrito y sus causahabientes (art. 1225 del Código Civil).

- Los realizados exclusivamente por una parte (sin actos jurídicos dispositivos que implicaría la firma de la otra) o testimoniales (no es necesaria firma) (art. 1228-1229 del Código Civil).

> **A TENER EN CUENTA.** El documento privado, reconocido legalmente, tendrá el mismo valor que la escritura pública entre los que lo hubiesen suscrito y sus causahabientes.

Los documentos privados que hayan de aportarse **se presentarán:**

- En original o mediante copia autenticada por el fedatario público competente y se unirán a los autos o se dejará testimonio de ellos, con devolución de los originales o copias fehacientes presentadas, si así lo solicitan los interesados. Estos documentos podrán ser también presentados mediante imágenes digitalizadas conforme a la normativa técnica del Comité Técnico Estatal de la Administración Judicial Electrónica sobre imagen electrónica y, si se impugnara su autenticidad, podrá llevarse a los autos original, copia o certificación del documento con los requisitos necesarios para que surta sus efectos probatorios (art. 268 de la LEC, con efectos de 20/03/2024).

- Si la parte solo posee copia simple del documento privado, podrá presentar esta, ya sea en soporte papel o mediante imagen digitalizada en la forma descrita en el apartado anterior, que surtirá los mismos efectos que el original, siempre que la conformidad de aquella con este no sea cuestionada por cualquiera de las demás partes.

- En el caso de que el original del documento privado se encuentre en un expediente, protocolo, archivo o registro público, se presentará copia auténtica o se designará el archivo, protocolo o registro (apdo. 2 del art. 265 de la LEC).

Los documentos privados, cuando su autenticidad no sea impugnada por la parte a quien perjudiquen, tendrán **fuerza probatoria** el proceso (art. 326 de la LEC) de:

- Hecho que documenten.
- Acto que documenten.
- Estado de cosas que documenten.
- De la fecha en que se produce esa documentación.
- De la identidad de los fedatarios y demás personas que, en su caso, intervengan en ella.

La **autenticidad y firma** en el documento privado:

- Para el documento en general: no es necesario.
- Para la escritura privada (art. 1255 del Código Civil): es obligatoria.

|| Documentos extranjeros

A aquellos documentos públicos o privados reconocidos en otras naciones o redactados en idioma extranjero se le aplicarán las normas españolas para las pruebas públicas o privadas en atención a la naturaleza del documento en concreto.

El art. 144 de la LEC establece, para todo documento redactado en lengua que no sea el castellano, lo siguiente:

- Se acompañará la traducción del mismo.
- Si alguna de las partes la impugnare dentro de los cinco días siguientes desde el traslado, manifestando que no la tiene por fiel y exacta y expresando las razones de la discrepancia.
- Se ordenará, respecto de la parte que exista discrepancia, la traducción oficial del documento, a costa de quien lo hubiese presentado (en el supuesto de ser sustancialmente idéntica a la privada, los gastos derivados de aquella correrán a cargo de quien la solicitó).

RESOLUCIÓN RELEVANTE

STSJ de Madrid n.º 75/2024, de 26 enero, ECLI:ES:TSJM:2024:328

Esta sentencia destaca la importancia del derecho a la prueba en el proceso judicial y la necesidad de equilibrar la protección de datos personales con el derecho a la defensa. El TSJ considera que la aportación de datos personales de otros compañeros (calendarios laborales con los días de descanso, vacaciones y turnos de trabajo de otros compañeros) en el proceso judicial es legítima cuando se realiza en defensa de derechos e intereses legítimos, y que el consentimiento de los titulares de los datos no es necesario cuando la comunicación tiene como destinatarios a los jueces o tribunales en el ejercicio de sus competencias. Además, se advierte que cualquier difusión de la resolución debe respetar la intimidad y los datos personales de los involucrados.

SAN n.º 14/2024, de 5 de febrero, ECLI:ES:AN:2024:487

Confirma la denegación de pruebas documentales en papel presentadas por una empresa en un juicio basándose en los arts. 41.1 y 6.3 del Real Decreto-ley 6/2023, de 19 de diciembre. Desde el 21 de diciembre de 2023, se exige la presentación de documentos en formato electrónico para su incorporación al expediente judicial electrónico.

6.4.4. Informes de expertos en el proceso laboral

El art. 95 de LRJS regula los **informes de expertos** en la jurisdicción social señalando que el juez o tribunal, si lo estima procedente, podrá oír el dictamen de una o varias personas expertas en la cuestión objeto del pleito, en el momento del acto del juicio o, terminado este, como diligencia final.

A continuación, el precepto señala una serie de precisión en función del objeto del procedimiento:

Interpretación de un convenio colectivo: el órgano judicial podrá oír o recabar informe de la comisión paritaria del mismo.

Discriminación por razón de sexo, orientación sexual, origen racial o étnico, religión o convicciones, discapacidad, edad o acoso: el juez o tribunal podrá recabar el dictamen de los organismos públicos competentes.

Derivados de accidente de trabajo y enfermedad profesional: el órgano judicial, si lo estima procedente, podrá recabar informe de la Inspección de Trabajo y Seguridad Social y de los organismos públicos competentes en materia de prevención y salud laboral, así como de las entidades e instituciones legalmente habilitadas al efecto.

Por otra parte, cuando, sobre hechos relevantes para el proceso, sea pertinente que informen **personas jurídicas y entidades públicas** por referirse a su actividad, sin que quepa o sea necesario individualizar en personas físicas determinadas el conocimiento de lo que para el proceso interese, la parte a quien convenga esta prueba podrá proponer que la persona jurídica o entidad, a requerimiento del tribunal, **responda por escrito sobre los hechos** en los diez días anteriores al juicio. Dicho informe se presentará hasta el momento del acto del juicio, sin previo traslado a las partes y sin perjuicio de que pueda acordarse como diligencia final su ampliación.

CUESTIÓN

¿El informe de la comisión paritaria es vinculante para el órgano judicial?

No, así lo ha recogido el TSJ de Zaragoza en la sentencia n.º 680/2022, de 27 de septiembre, ECLI:ES:TSJAR:2022:1253, en la cual señala:

«*"Declara la jurisprudencia (STS de 20-3-2018, r. 1069/16; de 8/2/2010, r. 65/09, y la de 14-3-2007, r. 38/06: «...las Comisiones Paritarias designadas al amparo del art. 85 3 .e) ET e integradas por representantes de los sindicatos firmantes del Convenio, tienen atribuidas exclusivamente funciones de interpretación, gestión y administración del Convenio y sus decisiones no tienen valor de convenio colectivo ni, por ende, eficacia normativa. Su competencia no se extiende pues a funciones de naturaleza negociadora cuyo ejercicio implica una acción normativa típica en la medida en que suponen una modificación de lo pactado, con la lógica consecuencia de que cual-*

quier acto emanado de aquellas modificando el contenido del Convenio habría de ser declarado nulo». La traslación al caso de esta doctrina impide otorgar al acuerdo de la comisión paritaria el efecto vinculante que quiere atribuirle la recurrente, y que acertadamente niega la sentencia recurrida».

De ahí que el art. 95 de la LRJS recoge sus dictámenes entre los que llama "informes de expertos", evidenciando su carácter no vinculante para el órgano judicial: "Cuando en un proceso se discuta sobre la interpretación de un convenio colectivo, el órgano judicial podrá oír o recabar informe de la comisión paritaria del mismo"».

CUESTIONES

1. ¿Se admitirán pruebas que provengan de procedimientos que violen los derechos fundamentales o las libertades públicas?

El artículo 90.2 de la LRJS señala que no se admitirán pruebas que provengan de procedimientos que violen los derechos fundamentales o las libertades públicas. Siendo materia de estudio del TS la licitud de determinadas pruebas que se obtienen a través de medios susceptibles de vulnerar derechos constitucionales.

2. ¿El orden social establece alguna pauta para la prueba digital?

La prueba digital merece el mismo tratamiento que la documental. (STS, rec. 239/2018, de 23 de julio de 2020, ECLI:ES:TS:2020:2925, STSJ de Canarias de 31 de marzo de 2016, ECLI:ES:TSJICAN:2016:1846, STSJ de Cataluña, rec. 954/2024, de 30 de mayo, ECLI:ES:TSJCAT:2024:5853)

El art. 94 de la LRJS únicamente exige que la prueba documental se aporte «adecuadamente presentada, ordenada y numerada». En ausencia de una regulación detallada debe acudirse a la Ley de Enjuiciamiento Civil de acuerdo con la Disposición final cuarta de la LRJS, cuyo art. 299.2 contempla como válido medio de prueba los «instrumentos que permiten archivar y conocer o reproducir palabras», medio conocido como prueba digital.

6.5. Documentación del acto de juicio

El desarrollo de las sesiones del juicio oral y el resto de las actuaciones orales en el orden social se documentarán conforme a lo preceptuado en los artículos 146 y 147 de la LEC con las especificaciones del art. 89 de la LRJS.

La oficina judicial deberá asegurar la correcta incorporación de la grabación al expediente judicial electrónico. Si los sistemas no proveen expediente judicial electrónico, el letrado o letrada de la Administración de Justicia deberá custodiar el documento electrónico que sirva de soporte a la grabación. Las partes podrán pedir, a su costa, copia o en su caso acceso electrónico de las grabaciones originales.

Siempre que se cuente con los medios tecnológicos necesarios, estos garantizarán la autenticidad e integridad de lo grabado o reproducido. A tal efecto, el letrado o letrada de la Administración de Justicia hará uso de la firma electrónica u otro sistema de seguridad que conforme a la ley ofrezca tales garantías. En este caso, la celebración del acto no requerirá la presencia en la sala del letrado o letrada de la Administración de Justicia salvo que lo hubieran solicitado las partes, al menos dos días antes de la celebración de la vista, o que excepcionalmente lo considere necesario el letrado o letrada de la Administración de Justicia atendiendo a la complejidad del asunto, al número y naturaleza de las pruebas a practicar, al número de intervinientes, a la posibilidad de que se produzcan incidencias que no pudieran registrarse, o a la concurrencia de otras circunstancias igualmente excepcionales que lo justifiquen. En estos casos, el letrado o letrada de la Administración de Justicia extenderá acta sucinta en los términos previstos en el apartado siguiente.

> **A TENER EN CUENTA**. El art. 82.5 de la LRJS regula como contenido de las cédulas de citación el previo traslado entre las partes o la aportación anticipada, con diez días de antelación al acto de juicio, de la prueba documental o pericial de que intenten valerse. La prueba se deberá presentar en formato electrónico, salvo que la parte no venga obligada a relacionarse electrónicamente con la Administración de Justicia, en cuyo caso se admitirá la presentación en papel o en otros soportes no digitales. Transcurrido este plazo, sólo se admitirán a la parte actora o demandada los documentos, dictámenes, medios e instrumentos relativos al fondo del asunto cuando se hallen en alguno de los casos establecidos en el citado apdo.5 del art. 82 de la LRJS.

Si los mecanismos de garantía previstos en el apartado anterior no se pudiesen utilizar, el LAJ deberá consignar en el **acta**, al menos, los siguientes datos: lugar y fecha de celebración, juez o tribunal que preside el acto, peticiones y propuestas de las partes, medios de prueba propuestos por ellas, declaración de su pertinencia o impertinencia, resoluciones que adopte el juez o tribunal, así como las circunstancias e incidencias que no pudieran constar en aquel soporte.

Cuando los **medios de registro** previstos no se pudiesen utilizar por cualquier causa, el LAJ extenderá **acta de cada sesión**, en la que se hará constar:

a) Lugar, fecha, juez o tribunal que preside el acto, partes comparecientes, representantes y defensores que les asisten.

b) Breve resumen de las alegaciones de las partes, medios de prueba propuestos por ellas, declaración expresa de su pertinencia o impertinencia, razones de la negación y protesta, en su caso.

c) En cuanto a las pruebas admitidas y practicadas:

1.º Resumen suficiente de las de interrogatorio de parte y de testigos.

2.º Relación circunstanciada de los documentos presentados, o datos suficientes que permitan identificarlos, en el caso de que su excesivo número haga desaconsejable la citada relación.

3.º Relación de las incidencias planteadas en el juicio respecto a la prueba documental.

4.º Resumen suficiente de los informes periciales, así como también de la resolución del juez o tribunal en torno a las recusaciones propuestas de los peritos.

5.º Resumen de las declaraciones de los asesores, en el caso de que el dictamen de éstos no haya sido elaborado por escrito e incorporado a los autos.

d) Conclusiones y peticiones concretas formuladas por las partes; en caso de que fueran de condena a cantidad, deberán expresarse en el acta las cantidades que fueran objeto de ella.

e) Declaración hecha por el juez o tribunal de conclusión de los autos, mandando traerlos a la vista para sentencia.

A TENER EN CUENTA. El acta se extenderá por procedimientos informáticos, sin que pueda ser manuscrita más que en las ocasiones en que la sala o el lugar en que se esté celebrando la actuación carecieran de medios informáticos. El LAJ resolverá, sin ulterior recurso, cualquier observación que se hiciera sobre el contenido del acta. El acta será firmada por el juez o tribunal en unión de las partes o de sus representantes o defensores y de los peritos, haciendo constar si alguno de ellos no firma por no poder, no querer hacerlo o no estar presente, firmándola por último el LAJ.

Del acta del juicio deberá entregarse copia a quienes hayan sido partes en el proceso, si lo solicitaren.

La acreditación de la identidad de las partes y de su representación procesal se efectuará ante el LAJ en la comparecencia de conciliación, o de no ser preceptiva la misma, mediante diligencia.

JURISPRUDENCIA

STS n.º 529/2017, de 11 de julio, ECLI:ES:TS:2017:2810

La videograbación es un privilegiado método de documentación en cuanto permite un reflejo fidedigno del desarrollo del acto procesal de que se trate. Ahora bien, a esa incuestionable ventaja se suman también ciertos inconvenientes. Los más relevantes los que afectan a los derechos de las partes, como los que, motivados por fallos técnicos o por un inadecuado control humano sobre el sistema, frustran su propia finalidad (ese es nuestro caso). Ahora bien no son los únicos, la reproducción videográfica implica que cualquier revisión de lo realizado en un acto procesal conlleve idéntica inversión temporal que el desarrollo del acto que documenta, lo que desemboca en una ralentización del trabajo de jueces y tribunales, incluido el de esta Sala de casación cuando necesita consultar el correspondiente acta de juicio u otras actuaciones que no están documentadas por escrito. La ausencia, además, de adecuados mecanismos de indexación agravan las consecuencias cuando en la mayoría de los casos obligan a costosas labores de búsqueda y localización.

7.
SENTENCIA EN EL PROCESO LABORAL ORDINARIO

Como en otros órdenes jurisdiccionales, la sentencia es la resolución judicial que decide definitivamente sobre el pleito (art. 245 de la LOPJ). Por mandato del art. 98.1 de la LRJS debe ser dictada por el juez que presidió el acto del juicio, si este no pudiese dictar sentencia deberá celebrarse nuevamente el juicio.

7.1. Plazo para dictar sentencia y su contenido en el orden social

El **plazo** establecido en la Ley de la Jurisdicción Social para **dictar sentencia será de cinco días, publicándose inmediatamente y notificándose a las partes o representantes dentro de los dos días siguientes** (art. 97.1 de la LRJS).

El juez o la jueza, en el momento de terminar el juicio, podrá pronunciar **sentencia de viva voz**, con el contenido y los requisitos formales establecidos en los apdos. 2 y 3 del art. 97 de la LRJS y apdo. 3 del art. art. 248 de la LOPJ. La sentencia **deberá contener** en sus partes:

ENCABEZAMIENTO.	• Identificación de actuaciones. • Identificación del juez y del juzgado. • Identificación de las partes. • Identificación de los defensores. • Identificación de la acción.
ANTECEDENTES DE HECHO	• Resumen del trámite habido. • Declaración de hechos probados. • Fundamento suficiente de los pronunciamientos del fallo.

FUNDAMENTOS DE DERECHO	• Artículos y normas. • Doctrina y jurisprudencia. • Razones y argumentos. • El porqué de cada hecho probado. • El porqué de cada decisión.
PARTE DISPOSITIVA O FALLO	• Decisión. • Orden de que se notifique. • Advertencia sobre recurribilidad. • Contendrá, numerados, los pronunciamientos correspondientes a las pretensiones de las partes, aunque la estimación o desestimación de todas o algunas de dichas pretensiones pudiera deducirse de los fundamentos jurídicos, así como el pronunciamiento sobre las costas. • También determinará, en su caso, la cantidad objeto de la condena, sin que pueda reservarse su determinación para la ejecución de la sentencia. (arts. 216 de la LEC y ss.
TEXTO DE LA SENTENCIA	• Se indicará si la misma es o no firme. Si no lo es, se informará de los recursos que procedan, el órgano ante el que deben interponerse y el plazo y los requisitos para ello, así como los depósitos y las consignaciones que sean necesarios y la forma de efectuarlos. (arts. 97.4 y 201 de la LRJS).
FIRMA	• Del Juez o Magistrados que la dicten

7.2. Características de las sentencias en el orden social

Igualmente, las sentencias han de ser claras, precisas, motivadas exhaustivamente y congruentes (art. 21 de la LEC), pudiendo ser aclaradas en los supuestos prevenidos en el art. 267 de la LOPJ (conceptos obscuros, materiales y aritméticos). (**STSJ Cataluña n.º 4785/2013, de 5 de julio, ECLI:ES:TSJCAT:2013:7515**).

Otras **características** de las sentencias en el orden social son las siguientes:

• **Multa por temeridad y mala fe:** la actuación procesal temeraria es la de quien en el proceso hace o dice algo sin fundamento, razón o motivo, en una medida que solo puede considerarse como manifestación de una negligencia o imprudencia excesivas. En su interpretación, es necesario un criterio restrictivo a fin de evitar limitaciones desproporcionadas al derecho de acceso a los tribunales, manifestación del derecho fundamental de tutela judicial efectiva, pudiendo imponer dicha sanción solo en los casos en que un litigante obra con mala fe o temeridad, actuación que ha de deducirse inequívocamente de la conducta de la parte. La mala fe se refiere a la consciencia de la parte sobre la falta de consistencia jurídica de su pretensión y la temeridad a la ausencia inexcusable de la diligencia más elemental. **(STSJ Asturias n.º 276/2013, de 8 de febrero, ECLI:ES:TSJAS:2013:419).**

El apdo. 3 del art. del 97 de la LRJS establece que la sentencia, motivadamente, podrá imponer al litigante que obró de mala fe o con temeridad una sanción pecuniaria dentro de los límites que se fijan en el apdo. 4 del art. 75 de la LRJS:

– Al litigante que no acudió injustificadamente al acto de conciliación ante el servicio administrativo correspondiente o a mediación (art. 83.3 de la LRJS).

– Al litigante que obró de mala fe o con temeridad.

– Cuando la sentencia condenatoria coincidiera esencialmente con la pretensión contenida en la papeleta de conciliación o en la solicitud de mediación, cuando el condenado fuera el empresario, deberá abonar también los honorarios de los abogados y graduados sociales de la parte contraria que hubieren intervenido, hasta el límite de seiscientos euros.

Estas sanciones serán impuestas bien de oficio o solicitada por las partes, previa audiencia en el acto de la vista de las partes personadas. De considerarse de oficio la posibilidad de imponer la sanción pecuniaria una vez concluido el acto de juicio, se concederá a las partes un término de dos días para que puedan formular alegaciones escritas.

- **Incomparecencia a los actos de conciliación o de mediación:** en el caso de incomparecencia a los actos de conciliación o de mediación, incluida la conciliación ante el letrado de la Administración de Justicia, sin causa justificada, se aplicarán por el juez o tribunal las medidas previstas en el apdo. 3 del art. 66 de la LRJS.

- **En el texto de la sentencia se deberá indicar si la misma es firme o no.** En caso de no ser firme, se indicarán los recursos que procedan contra la misma, órgano ante el que se debe interponer, y plazo y requisitos para ello, así como los depósitos y las consignaciones que sean necesarios y la forma de efectuarlos (art. 97.4 de la LRJS).

- **Principio de inmediación en el proceso ordinario laboral:** es importante hacer referencia a que, **si el juez que presidió el acto del juicio no pudiese dictar sentencia, deberá celebrarse nuevamente.**

El párrafo segundo del art. 99 de la LRJS continúa diciendo: «*(...) en cuanto a las Salas de lo Social se estará a lo dispuesto en la Ley Orgánica del Poder Judicial*».

- **Prohibición de reservas de liquidación en la sentencia:** si en las sentencias se condena al abono de una cantidad, el juez o el tribunal deberán determinarlo expresamente, sin esperar al momento de la ejecución.

No obstante, cuando se reclamen prestaciones o cantidades periódicas, la sentencia podrá incluir la condena a satisfacer esas cantidades que se devenguen con posterioridad al momento en que se dicte (art. 99 de la LRJS).

- **Salarios por asistencia a actos procesales:** en el art. 100 de la LRJS se impone la **obligación al empresario**, de **abonar al demandante**, que personalmente hubiese comparecido, el **importe de los salarios** correspondientes al tiempo necesario para comparecer en juicio o para asistir a los actos de conciliación o cualquier otra comparecencia judicial, o conciliación o mediación previas, salvo en los casos en que fuese perceptiva la representación y no fuera necesaria la asistencia personal, o cuando el demandante hubiese actuado de mala fe o con temeridad.

- **Sentencias orales:** de acuerdo con el artículo 50 de la LRJS, el juez o la jueza, en el momento de terminar el juicio, podrá pronunciar sentencia de viva voz, con el contenido y los requisitos establecidos en el apartado 2 del artículo 97 de la LRJS. Igualmente podrá aprobar mediante sentencia de viva voz, el allanamiento total efectuado, así como, en su caso, los términos de ejecución de la sentencia que le sean propuestos de común acuerdo por las partes.

  Su dictado tendrá lugar al concluir el mismo acto de la vista en presencia de las partes, quedando documentada en el soporte audiovisual del acto, sin perjuicio de la ulterior redacción por el juez, la jueza o el magistrado o la magistrada del encabezamiento, los hechos probados y la mera referencia a la motivación pronunciada de viva voz, dándose por reproducida, y el fallo íntegro, con expresa indicación de su firmeza o, en su caso, de los recursos que procedan, órgano ante el que deben interponerse y plazo para ello.

  Pronunciada oralmente una sentencia, si todas las personas que fueren parte en el proceso estuvieren presentes en el acto debidamente asistidas por abogado o representadas por procurador o graduado social, y expresaren su decisión de no recurrir, se declarará, en el mismo acto, la firmeza de la resolución.

  Fuera de este caso, el plazo para recurrir comenzará a contar desde que se notificase a la parte la resolución así redactada.

  > **A TENER EN CUENTA.** En aquellos procedimientos en los que no intervenga abogado ni graduado social, de conformidad con la ley, la resolución que se dicte tendrá que ser necesariamente escrita (art. 50 de la LRJS).

- **Aclaración de sentencias:** siguiendo los arts. 267 de la LOPJ y 214 de la LEC, los tribunales no podrán variar las resoluciones que pronuncien después de firmadas, pero sí aclarar algún concepto oscuro y rectificar cualquier error material de que adolezcan.

  Ante la falta de precisión por parte de la LRJS debemos seguir los citados arts. 267 de la LOPJ y 214 de la LEC:

  - Las aclaraciones a que se refiere el apartado anterior podrán hacerse de oficio dentro de los dos días hábiles siguientes al de la publicación de la resolución, o a petición de parte o del Ministerio Fiscal formulada dentro del mismo plazo, siendo en este caso resuelta por el tribunal dentro de los tres días siguientes al de la presentación del escrito en que se solicite la aclaración.

– Los errores materiales manifiestos y los aritméticos en que incurran las resoluciones judiciales podrán ser rectificados en cualquier momento.

– Las omisiones o defectos de que pudieren adolecer sentencias y autos y que fuere necesario remediar para llevarlas plenamente a efecto podrán ser subsanadas, mediante auto, en los mismos plazos y por el mismo procedimiento establecido en el apartado anterior.

• **Revisión de sentencias en el proceso laboral:** contra cualquier sentencia firme dictada por los órganos del orden jurisdiccional social y contra los laudos arbitrales firmes sobre materias objeto de conocimiento del orden social, procederá la revisión prevista en arts. 510 de la LRJS y 86.3 de la LRJS.

La revisión se solicitará ante la Sala de lo Social del Tribunal Supremo.

Los supuestos de revisión de sentencias, laudos arbitrales firmes y error judicial se regulan en el art. 236 de la LRJS.

En cuanto al error judicial, destinado a reparar el daño producido por una resolución firme errónea que carece de posibilidad de rectificación por la vía normal de los recursos, cuando sea competencia de la Sala de lo Social del Tribunal Supremo, se seguirá por los trámites y requisitos establecidos para la declaración de error judicial en los arts. 292 de la LOPJ y siguientes, con las especialidades sobre depósitos, vista y costas establecidas para la revisión y sin que la apreciación del error pueda fundamentarse en pruebas distintas de las practicadas en las actuaciones procesales origen del mismo presunto error.

Si la Sala apreciara la concurrencia de cualquiera de tales causas de inadmisión dictará auto, contra el cual no cabe recurso.

7.3. Motivación y deber de resolver las sentencias

Los jueces o magistrados son los encargados de juzgar y ejecutar lo juzgado conforme al art. 117.3 de la CE. Serán los jueces de lo social los que decidirán sobre las controversias suscitadas y los encargados de aplicar las leyes laborales en el proceso correspondiente, dentro de sus competencias.

El art. 120.3 de la CE, establece el deber de motivación de las sentencias siendo los jueces y magistrados los que tienen la obligación de resolver todas las pretensiones de las partes, sea para estimar o desestimar, pero siempre fundamentadas. ya que en el caso de que no sea así, podrán ser objeto de recurso o aclaración mediante los procesos correspondientes.

La sentencia en el orden social debe de revestir la forma indicada en el art. 97 de la LRJS y que adelantamos a modo introductorio de este apartado:

- **Encabezamiento:** se deberá consignar el órgano que la dicta, el juez, las partes del procedimiento y sus representantes, el número de autos y el de procedimiento.

- **Los antecedentes de hecho:** un resumen suficiente de los hechos que hayan sido objeto de debate en el proceso.

- **Hechos probados:** son los hechos que han admitidos por las partes o no han sido controvertidos y aquellos que en base a las pruebas se han considerado demostrados.

- **Fundamentos de derecho:** son los razonamientos jurídicos que le han llevado al juzgado o tribunal a la conclusión del pleito bien a través de las pruebas, de la legislación, o apoyados en doctrina del TS.

- **Fallo:** es la decisión del juez o tribunal con base en la prueba y el juicio.

- **Firma:** del juez o magistrado.

En el texto de la sentencia se indicará si la misma es o no firme y, en su caso, los recursos que procedan, el órgano ante el que deben interponerse y el plazo y los requisitos para ello, así como los depósitos y las consignaciones que sean necesarios y la forma de efectuarlos.

CUESTIÓN

Si se motiva la sentencia, ¿se podrá imponer alguna sanción pecuniaria en el procedimiento laboral?

Sí. En virtud del art. 97 de la LRJS, la sentencia, motivadamente, «(...) podrá imponer una sanción pecuniaria, dentro de los límites que se fijan en el apartado 4 del artículo 75, al litigante que no acudió injustificadamente al acto de conciliación ante el servicio administrativo correspondiente o a mediación, de acuerdo con lo establecido en el artículo 83.3, así como al litigante que obró de mala fe o con temeridad. También motivadamente podrá imponer una sanción pecuniaria cuando la sentencia condenatoria coincidiera esencialmente con la pretensión contenida en la papeleta de conciliación o en la solicitud de mediación. En tales casos, y cuando el condenado fuera el empresario, deberá abonar también los honorarios de los abogados y graduados sociales de la parte contraria que hubieren intervenido, hasta el límite de seiscientos euros».

7.4. Congruencia e incongruencia de la sentencia

La congruencia de la sentencia se puede definir como la relación lógica y coherente entre la petición de las partes y el fallo del juez o magistrado, las sentencias deben ser claras, precisas y congruentes con las demandas y con las demás pretensiones de las partes, deducidas oportunamente en el pleito debiendo absolver o condenar al demandado y decidiendo sobre los puntos litigiosos del debate (arts. 143 a 145 de la LRJS).

La STS n.º 723/2020, de 23 de julio, ECLI:ES:TS:2020:2949, establece que «*La congruencia puede definirse como un ajuste "sustancial" entre lo pedido y lo resuelto que, por tanto, no exige del fallo "una conformidad literal y rígida con las peticiones de las partes, sino racional y flexible" (STS de 16 de febrero de 1993, Rec. 1203/1992, con cita de otras muchas). La congruencia se plantea, pues, como una necesidad de correlación entre determinada actividad procesal de las partes, por un lado, y la actividad decisoria o resolutoria que el juez plasma en la sentencia, por otro*».

Se incurrirá en incongruencia cuando el juez o magistrado no resuelva sobre todas las pretensiones de las partes o no se pronuncie sobre las cuestiones controvertidas. (STS n.º 450/2016 de 1 de julio, ECLI:ES:TS:2016:3147, y STS n.º 1282/2021, de 17 de diciembre, ECLI:ES:TS:2021:4874).

Por tanto, dentro de la incongruencia, nos encontramos con varias modalidades:

- La **incongruencia omisiva**: en este caso el juzgador evita pronunciarse sobre algún aspecto del pleito.

  El ATS, rec. 24 de mayo de 2022, ECLI:ES:TS:2022:8943A, describe «el vicio de incongruencia omisiva o ex silentio como un «desajuste entre el fallo judicial y los términos en que las partes formularon sus pretensiones, concediendo más o menos, o cosa distinta de lo pedido». En el caso establece que la incongruencia omisiva o ex silentio, se produce cuando se deja sin respuesta alguna de las cuestiones planteadas por las partes».

  Por su parte, **se habla de inconcurrencia omisiva por error** cuando pese a pedirse en la demanda una petición de manera subsidiaria, la sentencia no se pronuncia sobre ella. STS n.º 470/2022 de 24 de mayo, ECLI:ES:TS:2022:1989 *«pues pese a pedirse en la demanda subsidiariamente la declaración de incapacidad permanente total no se entró en su examen, como era obligado al contenerse en la demanda la referida petición subsidiaria, lo que condujo al quebrantamiento del deber, también impuesto por el propio art. 359 LEC , en el sentido de que se decida sobre "todos los puntos litigiosos que hayan sido objeto del debate" decisión ésta que, naturalmente, habrá de venir precedida del oportuno razonamiento, ya que éste viene exigido por el deber de motivación impuesto por el artículo 120.3 CE».*

- La **incongruencia extra petita o por exceso**: cuando el juez o magistrado se pronuncia sobre otros extremos que no han sido peticionados por las partes.

  La STS n.º 511/2022, de 1 de junio, ECLI:ES:TS:2022:2251, habla del principio de congruencia y de la imposibilidad de que el juez conceda cosa distinta de lo solicitado incurriendo en incongruencia extra petita «(...) no está permitido otorgar más de lo pedido ni menos de lo resistido por el demandado, así como tampoco cosa distinta de lo solicitado por las partes, lo que significa que la sentencia había incurrido en incongruencia extra petita (...)».

  La STS n.º 376/2022 de 27 de abril, ECLI:ES:TS:2022:1663, reitera doctrina constitucional de la incongruencia extra petita *«(...) la doctri-*

na constitucional que califica de incongruencia extra petita todo aquello que sea otorgado por la sentencia sin que oportunamente haya sido invocado por las partes (...)».

«La incongruencia por exceso o extra petitum es aquella por la que el órgano judicial concede algo no pedido o se pronuncia sobre una pretensión que no fue oportunamente deducida por los litigantes e implica un desajuste o inadecuación entre el fallo o la parte dispositiva de la resolución judicial y los términos en los que las partes formularon sus pretensiones». (STS n.º 1282/2021, de 17 de diciembre, ECLI:ES:TS:2021:4874).

- La **incongruencia ultra petita**: cuando se concede más de lo pedido por las partes.

«En ese caso se estima la denuncia de incongruencia «ultra petitum» de la sentencia de instancia pues en la demanda se reclamaba una cantidad de 2.502.024 ptas. y la sentencia de instancia concede 2.725.419 ptas». (ATS, rec. 322/2019, de 29 de octubre, ECLI:ES:TS:2019:12337A).

7.5. Cosa juzgada

La sentencia una vez dictada y firme produce una serie de efectos tanto para las partes como para la controversia, lo que conlleva que los pronunciamientos dados en aquella no puedan modificarse. Se puede definir, por tanto, la cosa juzgada como la imposibilidad de la existencia de un proceso nuevo con las mismas circunstancias o hechos que ya han sido juzgados. Diferenciamos dos tipos de cosa juzgada (art. 160 de la LRJS).

Cosa juzgada positiva: el uso de la sentencia firme para que influya en sentencias posteriores que versen sobre situaciones análogas.

«(...) el efecto positivo de la cosa juzgada requiere, aparte de la identidad de sujetos, una conexión entre los pronunciamientos, sin que sea necesaria una completa identidad de objetos que excluiría el segundo proceso de darse, «sino que para el efecto positivo es suficiente, como ha destacado la doctrina científica, que lo decidido -lo juzgado- en el primer proceso entre las mismas partes actúe en el segundo proceso como elemento condicionante o prejudicial, de forma que la primera sentencia no excluye el segundo pronunciamiento, pero lo condiciona vinculándolo a lo ya fallado». STS 176/2022, de 22 de febrero, ECLI:ES:TS:2022:833.

«A diferencia de lo que ocurre con el efecto negativo, el efecto positivo de la cosa juzgada no exige una completa identidad, que de darse excluiría el segundo proceso, sino que para el efecto positivo es suficiente que lo decidido -lo juzgado- en el primer proceso entre las mismas partes actúe en el segundo proceso como elemento condicionante o prejudicial, de forma que la primera sentencia no excluya el segundo pronunciamiento, pero lo condiciona, vinculándolo a lo ya fallado». (STS n.º 1028/2021, de 19 de octubre, ECLI:ES:TS:2021:3909).

Cosa juzgada negativa: cuando existe una sentencia firme que vincula al juez e impide entrar en el fondo del asunto.

La STS n.º 220/2021, de 23 de febrero, ECLI:ES:TS:2021:788, reitera doctrina de cosa juzgada negativa respecto de la base reguladora de la pensión de incapacidad permanente total fijada por sentencia firme, para el caso de que el beneficiario reclame con posterioridad la modificación de la misma, y ello porque en el primer proceso en el que el actor reclamó la prestación de IT la cuantificación quedó establecida en la sentencia y adquirió firmeza.

7.6. Litispendencia

La litispendencia puede definirse como la existencia de otro proceso pendiente en el que coinciden los mismos sujetos, objeto y causa. Si las partes alegan esta triple coincidencia, se tendrá que producir lo que se llama acumulación de procesos (arts. 28 y ss. de la LRJS).

> **A TENER EN CUENTA**. En el apdo. 5.3 se analiza la acumulación de acciones y procesos en el orden social

CUESTIONES

1. Los procesos iniciados a instancia de la autoridad laboral, ¿pueden acumularse?

Los procesos de oficio iniciados en virtud de comunicación de la autoridad laboral regulados en el artículo 148 de la LGSS se acumularán, cuando en las demandas individuales concurran identidad de personas y de causa de pedir respecto de la demanda de oficio, aunque pendan en distintos juzgados o tribunales.

Dicha acumulación se acordará por el juzgado o tribunal mediante auto (art. 31 de la LRJS).

2. ¿Se acumularán los procesos relativos a la extinción del contrato de trabajo o que se refieran a actos administrativos con pluralidad de destinatarios?

Sí. Cuando las acciones ejercitadas están fundadas en las mismas causas o en una misma situación de conflicto, la sentencia deberá analizar conjuntamente ambas acciones y las conductas subyacentes, dando respuesta en primer lugar a la acción que considere que está en la base de la situación de conflicto y resolviendo después la segunda, con los pronunciamientos indemnizatorios que procedan.

En procesos por despido, el trabajador podrá acumular en la demanda la impugnación de los actos empresariales con efecto extintivo de la relación que le hayan afectado, cuando entre las acciones exista conexión directa y en tanto no haya transcurrido el plazo legal de impugnación.

A las demandas de impugnación de un acto administrativo que afecte a una pluralidad de destinatarios se acumularán las que se presenten con posterioridad contra dicho acto, aunque inicialmente hubiere correspondido su conocimiento a otro juzgado o tribunal (art. 32.3 de la LRJS, con efectos de 20/03/2024).

7.7. Multas por temeridad en el orden social

Los arts. 75.4 y 97.3 de la LRJS habilitan al órgano judicial que conoce en instancia a imponer una multa cuando aprecie la existencia de temeridad o mala fe.

El art. 97.3 de la LRJS dispone, que *«La sentencia, motivadamente, podrá imponer una sanción pecuniaria, dentro de los límites que se fijan en el apartado 4 del artículo 75, al litigante que no acudió injustificadamente al acto de conciliación ante el servicio administrativo correspondiente o a mediación, de acuerdo con lo establecido en el artículo 83.3, así como al litigante que obró de mala fe o con temeridad. También motivadamente podrá imponer una sanción pecuniaria cuando la sentencia condenatoria coincidiera esencialmente con la pretensión contenida en la papeleta de conciliación o en la solicitud de mediación. En tales casos, y cuando el condenado fuera el empresario, deberá abonar también los honorarios de los abogados y graduados sociales de la parte contraria que hubieren intervenido, hasta el límite de seiscientos euros. La imposición de las anteriores medidas se efectuará a solicitud de parte o de oficio, previa audiencia en el acto de la vista de las partes personadas. De considerarse de oficio la posibilidad de imponer la sanción pecuniaria una vez concluido el acto de juicio, se concederá a las partes un término de dos días para que puedan formular alegaciones escritas. En el caso de incomparecencia a los actos de conciliación o de mediación, incluida la conciliación ante el letrado o letrada de la Administración de Justicia, sin causa justificada, se aplicarán por el juez, la jueza o el tribunal las medidas previstas en el apartado 3 del artículo 66».*

El art. 75.4 de la LRJS establece, que *«Todos deberán ajustarse en sus actuaciones en el proceso a las reglas de la buena fe. De vulnerarse estas, así como en caso de formulación de pretensiones temerarias, sin perjuicio de lo dispuesto en el número anterior, el juez, la jueza o el tribunal podrá imponer mediante auto, en pieza separada, de forma motivada y respetando el principio de proporcionalidad, ponderando las circunstancias del hecho, la capacidad económica y los perjuicios causados al proceso y a otros intervinientes o a terceros, una multa que podrá oscilar de seiscientos a seis mil euros, sin que en ningún caso pueda superar la cuantía de la tercera parte del litigio. Aquel al que se hubiere impuesto la multa prevista en el párrafo anterior podrá ser oído en justicia. La audiencia en justicia se pedirá en el plazo de los tres días siguientes al de la notificación de la multa, mediante escrito presentado ante el juez, la jueza o el tribunal que la haya impuesto. La audiencia será resuelta mediante auto contra el que cabrá recurso de alzada en cinco días ante la Sala de Gobierno correspondiente, que lo resolverá previo informe del juez, jueza o Sala que impuso la multa. De apreciarse temeridad o mala fe en la sentencia o en la resolución de los recursos de suplicación o casación, se estará a lo dispuesto en sus reglas respectivas».*

De los preceptos procesales citados podemos extraer:

- Concede una cierta discrecionalidad para la imposición de la sanción, pero no cabe duda de que el sustrato básico imprescindible es que se ejerciten pretensiones totalmente infundadas, con conocimiento de su injusticia (STS, rec. 4477/2000, de 4 de octubre de 2001, ECLI:ES:TS:2001:7557, STS, rec. 168/2004, de 27 de junio de 2005, ECLI:ES:TS:2005:4217, y STS n.º 1005/2024, de 10 de julio de 2024, ECLI:ES:TS:2024:3977).

- La multa debe ser justificada en la sentencia.

- Se debe respetar el principio de proporcionalidad, considerando las circunstancias del hecho, la capacidad económica y los perjuicios causados al proceso y a otros intervinientes o terceros.

- La sanción pecuniaria debe cuantificarse dentro de los límites que se fijan en el art. 75.4 de la LRJS. En este caso, **con efectos de 3 de abril de 2025,** se eleva la cuantía mínima de la multa que la sentencia puede imponer a cualquier litigante que haya obrado de mala fe o con temeridad de 180 a **600 euros.**

- Estas sanciones serán impuestas bien de oficio o solicitada por las partes, previa audiencia en el acto de la vista de las partes personadas.

- Podrá imponerse:

  - Al litigante que no acudió injustificadamente al acto de conciliación ante el servicio administrativo correspondiente o a mediación (art. 83.3 de la LRJS).

  - Al litigante que obró de mala fe o con temeridad.

  - Cuando la sentencia condenatoria coincidiera esencialmente con la pretensión contenida en la papeleta de conciliación o en la solicitud de mediación. En tales casos, y cuando el condenado fuera el empresario, deberá abonar también los honorarios de los abogados y graduados sociales de la parte contraria que hubieren intervenido, hasta el límite de seiscientos euros.

CUESTIONES

1. ¿Qué se entiende por temeridad o mala fe en un juicio laboral?

Son dos conceptos jurídicos indeterminados:

- Temeridad se refiere a actuar sin la debida diligencia, sosteniendo una postura sin base jurídica, lo cual podría haberse evitado con una preparación adecuada. Es una actuación negligente.

- Mala fe, por otro lado, implica actuar a sabiendas de la falta de fundamentación jurídica, con plena consciencia de la injusticia de la postura adoptada.

2. ¿Qué diferencias existen entre los arts. 75.4 y 97.3 de la LRJS?

El art. 97.3 de la LRJS se refiere a la posibilidad de imponer multas y condenar en costas al empresario por temeridad o mala fe. Este artículo remite a las reglas del artículo 75.3 para la delimitación de la multa.

El art. 75.4 de la LRJS, por su parte, establece la obligación de actuar con buena fe durante el proceso y también contempla la imposición de multas. La diferencia radica en que el artículo 97.3 se aplica a la postura inicial de las partes en el procedimiento, mientras que el artículo 75.4 se refiere a la conducta durante el transcurso del proceso.

JURISPRUDENCIA

STS n.º 964/2023, de 8 de noviembre del 2023, ECLI:ES:TS:2023:4910

La multa por temeridad puede ser impuesta al sindicato que goza del beneficio de justicia gratuita.

STS n.º 126/2022, de 8 de febrero, ECLI:ES:TS:2022:429

«La sanción pecuniaria por temeridad constituye, desde cualquier punto de vista, una cualidad accesoria respecto al fondo del asunto, como hemos mantenido en SSTS 20/2018 de 16 enero (rcud. 969/2016) y 1173/2021 de 30 noviembre (rcud. 1793/2019), entendiéndose el adjetivo accesorio como algo secundario, según el diccionario de la RAE, que depende del principal, o que se le une por accidente».

STS, rec. 168/2004, de 27 junio de 2005, ECLI:ES:TS:2005:4217

Explican que el precepto procesal (actual art. 97.3 de la LRJS) «concede una cierta discrecionalidad para la imposición de la sanción, pero no cabe duda de que el sustrato básico imprescindible es que se ejerciten pretensiones totalmente infundadas, con conocimiento de su injusticia».

Cuantía, límite y procedimiento para las multas por temeridad en el orden social

Como regla general se aplicará lo establecido en el art. 247 de la LEC.

Cuando se imponga la multa por temeridad, se dará audiencia a las partes, y el condenado a su pago podrá presentar las alegaciones que considere necesarias contra la misma.

La multa por temeridad se formalizará mediante auto y su cuantía es decidida de manera discrecional por el juzgado o tribunal. No existe ningún baremo o tabla oficial para su cuantificación, no obstante, su importe estará entre los 600 y los 6.000 euros, no pudiendo superar nunca este importe la tercera parte de la cuantía objeto de juicio (art. 75.4 de la LRJS). Además, cuando el condenado sea la empresa, deberá hacer frente también a los honorarios de los abogados y graduados sociales de la parte contraria, hasta un máximo de 600 euros (art. 66 y 75.4 de la LRJS, con efectos de 03/04/2025).

La imposición de las anteriores medidas se efectuará, según indica el propio art. 97.3 de la LRJS, a solicitud de parte o de oficio, previa audiencia en el acto de la vista de las partes personadas.

El razonamiento que determinará la sanción ha de apoyarse en la mala fe o en la temeridad del litigante, es decir, procederá cuando se ejerciten pretensiones absolutamente infundadas, con conocimiento de su injusticia, todo ello evidenciado manifiestamente por el comportamiento del litigante. (STS, rec. 4477/2000, de 4 de octubre de 2001, ECLI:ES:TS:2001:755).

Esta multa es revisable en sede de recurso, según indica el art. 204 de la propia LRJS.

7.8. Otras formas de terminación del proceso laboral

En el proceso ordinario laboral, existen varios medios de terminación distintos a la sentencia. A continuación, se describen y analizan el allanamiento, la renuncia del demandante, la transacción y el desistimiento, con sus respectivas referencias normativas:

Allanamiento: según el artículo 85.7 de la LRJS el allanamiento en el orden social se refiere a la conformidad de la parte demandada con las pretensiones del actor en un proceso judicial. Este concepto es similar al que se maneja en el ámbito civil, donde el demandado puede aceptar las reclamaciones formuladas por el demandante.

Este acto procesal implica que el demandado reconoce la demanda y se somete a las consecuencias jurídicas derivadas de ella, lo que lleva a la terminación del proceso sin necesidad de juicio. La jurisprudencia ha establecido que el allanamiento debe ser claro, expreso y sin condiciones. (STS n.º 1216/2023, de 7 de septiembre, ECLI:ES:TS:2023:3598).

En concreto, el allanamiento en el ámbito social implica lo siguiente:

1. Puede ser total o parcial, y se presenta como una manifestación clara de aceptar lo solicitado en la demanda.

2. Cuando se produce un allanamiento a todas las pretensiones del actor, el tribunal debe dictar una sentencia condenatoria favorable conforme a lo solicitado.

3. Si el allanamiento es parcial, el tribunal puede dictar un auto acogiendo las pretensiones que han sido objeto del allanamiento, y continuar el proceso respecto de las cuestiones no allanadas.

4. Su aplicación en el ámbito laboral está sujeta a las mismas consideraciones de la Ley de Enjuiciamiento Civil (LEC), complementarias a las disposiciones de la Ley Reguladora de la Jurisdicción Social (LRJS).

En el ámbito social la STS n.º 460/2020, de 16 junio, ECLI:ES:TS:2020:2294, establece: *«(...) Doctrina incontestada explica que el allanamiento es una manifestación de conformidad con la petición contenida en la demanda, hecha por el demandado al contestar a ella. Se trata de un medio de extinción del proceso a virtud del reconocimiento y conformidad del demandado, que puede comprender todas las materias de carácter privado que sean objeto de pretensión por las partes y que sean disponibles por ellas. Con esas mismas notas, el allanamiento se concibe como forma de aceptar la pretensión expresada por el recurso [...] Recapitulación. Como queda expuesto, nuestra doctrina viene admitiendo, de modo pacífico y con las imprescindibles adaptaciones al caso, el juego del allanamiento (tanto total como parcial) en el ámbito del proceso laboral. En particular: la manifestación de conformidad con la demanda ha de ser clara; su existencia juega en contra del carác-*

ter controvertido de lo reclamado y aceptado; cabe el allanamiento parcial; cuando acaece, ha de tenerse presente en las sucesivas fases procesales».

A partir de la citada caracterización ha de decirse que el allanamiento puede producirse en cualquier momento del procedimiento con carácter previo al dictado de la sentencia firme, por lo que no puede compartirse la afirmación de la demandada por la que solamente se atribuía valor a la postura de la parte en el juicio verbal. Y, en segundo lugar, el efecto vinculante del allanamiento viene determinado porque la manifestación de voluntad de la parte tenga las notas antes apuntadas y no por su acogimiento por el Tribunal, de suerte que el hecho de que no se haya dictado un auto aprobándolo no tiene trascendencia alguna. Y, finalmente, producido el allanamiento expresamente formulado por la parte, no puede ésta en un momento posterior retirarlo, menos aún en el acto de juicio, lo que provocaría una evidente indefensión a la contraparte. En conclusión, la demandada no puede apartarse del allanamiento a la demanda al pronunciamiento al que se allanó, esto es, a la extinción del contrato de la actora de conformidad con lo establecido en el art. 41.3 ET [...]».

Renuncia o desistimiento del demandante: la renuncia es el acto por el cual el demandante decide abandonar su pretensión. Conforme al artículo 84 de la LRJS, la renuncia puede realizarse en cualquier momento del proceso y debe ser expresa. La renuncia implica la terminación del proceso sin que se entre a conocer del fondo del asunto, y produce el archivo de actuaciones.

El desistimiento de una demanda es el acto procesal por el cual el demandante manifiesta su propósito de no continuar el ejercicio de la acción. En este caso, no obstante, será posible plantear nuevamente demanda para ejercer el derecho si este no ha prescrito (artículo 84.1 de la LRJS).

Transacción: la transacción es un acuerdo entre las partes para resolver el conflicto de manera amistosa, evitando así la continuación del proceso judicial. Este acuerdo puede alcanzarse en cualquier momento antes de la sentencia y debe ser homologado por el juez para tener efectos ejecutivos. La transacción se regula en el artículo 84 de la LRJS — en consonancia con los arts. 1809 del Código Civil y 19.2 de la LEC— y, una vez homologada, tiene la misma fuerza que una sentencia firme. La jurisprudencia ha destacado la importancia de que la transacción sea clara y no lesiva para ninguna de las partes.

No comparecencia del demandante al acto del juicio: la incomparecencia del actor al acto del juicio se considera como un abandono de su pretensión, por cuanto al no estar perfeccionada la misma en la demanda inicial se supone que el interesado se ha vuelto atrás en su decisión original de defenderla en juicio.

Así lo manifiesta la doctrina constitucional, al afirmar que el art. 83 de la LRJS contempla una especie de desistimiento tácito en el que no hay manifestación o decisión expresa de retirarse del proceso, sino únicamente una presunción de abandono de la acción ejercitada fundada en su incomparecencia. Esta presunción puede ser destruida por el interesado mediante actos o pruebas que muestren inequívocamente su voluntad de continuar el proceso o su oposición a la conclusión del mismo (STC n.° 21/1989 y 195/1999). Así entendido, el precepto trata de asegurar la celeridad del proceso, y su previsión resulta proporcionada a la garantía de obtener un proceso sin dilaciones indebidas, y al derecho a la tutela judicial de la contraparte, sin que pueda subsanarse un vicio de esta naturaleza porque se sacrificaría la regularidad y el buen funcionamiento del proceso (STC n.º 373/199 y 195/1999). Pero la decisión judicial de considerar desistido al demandante y concluso el proceso ha de producirse mediante resoluciones que se pronuncien motivadamente sobre la causa de la incomparecencia, la forma y el momento de su justificación (STC n.º 130/1986; 21/1989; 9/1993; 218/1993; 196/1994; 195/1999).

En este sentido, la LRJS señala expresamente que si el actor, citado en forma, no compareciere ni alegase justa causa que motive la suspensión del acto de conciliación o de juicio, se le tiene por desistido de su demanda, contemplando un supuesto de claro desistimiento tácito, a pesar de que los términos desistimiento y tácito son, en puridad de conceptos, incompatibles.

Esta norma presume, sin embargo, el desistimiento del actor —que por ello se considera un desistimiento tácito— sólo si concurren los tres requisitos previos que contempla, a saber:

- Que se halle el actor citado en legal forma, por lo que hay que comprobar si se cumplieron las exigencias de la citación.

- Que estando citado en legal forma no comparezca el día de la conciliación y del juicio sin que ello obedezca a justa causa.

- Que aun alegando alguna causa para no comparecer ésta sea insuficiente para acordar la suspensión.

La no comparecencia del actor debe interpretarse en términos jurídicos y no físicos, pues puede ocurrir que el actor muestre su presencia física, pero manifieste su intención de no comparecer. Por otra parte, puede comparecer por medio de representante y no físicamente, en cuyo caso sería perfectamente aceptable su comparecencia. Puede incluso hallarse en el local judicial pero no en el concreto en el que se celebra el juicio, por error o por negligencia del mismo.

En conclusión, **se puede decir que la incomparecencia del demandante al acto de juicio lleva aparejado su desistimiento y el archivo consiguiente de las actuaciones.**

Sin embargo, **en caso de que la incomparecencia esté justificada hay que acordar la suspensión con nuevo señalamiento en lugar del desistimiento.** La alegación y prueba de la causa puede hacerse incluso después del día del juicio y por lo tanto después de acordado el desistimiento, con lo que en tal caso procede anular y dejar sin efecto el mismo, y reanudar el juicio con nuevo señalamiento.

El desistimiento del actor ha de ser declarado por medio de decreto del letrado de la Administración de Justicia —en caso de incomparecencia a la conciliación— o por Auto —incomparecencia injustificada al juicio— que se notifica a las partes contra el que cabe recurso directo de revisión o reposición, respectivamente, sin ulterior suplicación o casación (art. 186 y 191 de la LRJS), aunque sí el recurso de amparo.

Si bien la doctrina del Tribunal Constitucional ha favorecido una interpretación flexible y antiformalista del art. 83 de la LRJS congruente con el propósito del legislador, que no es otro que el de restringir en lo posible las suspensiones inmotivadas o solapadamente dilatorias (STC n.º 3/1993), también ha advertido que tal interpretación no puede amparar actitudes carentes de la diligencia debida por parte del interesado, lesivas del derecho a la tutela judicial efectiva de la contraparte, de la garantía a un proceso sin dilaciones indebidas o a la regularidad, buen funcionamiento y, en definitiva, integridad objetiva del proceso (SSTCO 373/1993; 86/1994, y 196/1994).

8.
PREJUDICIALIDAD PENAL Y SU RELACIÓN CON LOS PROCEDIMIENTOS EN EL ORDEN SOCIAL

El artículo 86 de la LRJS, aborda el tema de la prejudicialidad penal y su relación con los procedimientos en el orden social. En términos generales, la prejudicialidad se refiere a la necesidad de resolver primero cuestiones que son necesarias para decidir sobre el fondo del asunto en debate en el ámbito laboral.

El apartado 1 del citado artículo afirma que «*En ningún caso se suspenderá el procedimiento* por seguirse causa criminal sobre los hechos debatidos». Esta disposición asegura que el procedimiento social avanza independientemente de la existencia de un proceso penal, lo cual es esencial para garantizar la celeridad y eficacia en la resolución de los conflictos laborales.

El apartado 2 introduce una **excepción** importante. En caso de que se alegue la falsedad de un documento relevante, el proceso puede ser suspendido para permitir la presentación de pruebas que certifiquen la querella. Esto subraya la importancia de la prueba documental en la resolución de litigios y la necesidad de asegurar que los derechos de las partes se respeten. Aquí se establece un mecanismo claro: «(...) continuará el acto de juicio hasta el final, y en el caso de que el juez o tribunal considere que el documento pudiera ser decisivo (...)». De aquí se deriva que la relación entre los procesos se acompaña de un equilibrio entre la celeridad y el respeto al derecho a la defensa.

En el apartado 3, se refleja la posible revisión de la sentencia dictada por el juez de lo social si una sentencia penal resultara en una absolución por inexistencia de hechos. Este principio está en consonancia con la jurisprudencia que señala que la existencia de una sentencia absolutoria en el ámbito penal puede tener consecuencias en el orden social, como se ha interpretado en diversas sentencias del Tribunal Supremo, expresando que «(...) la resolución social no es insensible a lo resuelto en la jurisdicción penal cuando se trate de hechos que afectan a derechos laborales».

JURISPRUDENCIA

STS n.º 114/2025, de 18 de febrero, ECLI:ES:TS:2025:739

analiza la posible revisión de un despido disciplinario declarado procedente cuando existe una la sentencia penal absolutoria sustenta en la aplicación del principio de presunción de inocencia, al no quedar probado que el acusado cometiera el hurto que se le imputó. Según el TS, para que una sentencia penal absolutoria pueda influir en un juicio laboral, es crucial que dicha absolución se funde en la inexistencia del hecho o en la no participación del trabajador en los mismos, condiciones que no se dieron en este caso. La Sala de lo Social enfatiza que la presunción de inocencia es un principio exclusivo del ámbito penal que no se extiende al contexto laboral, donde se consideran circunstancias contractuales y no crímenes.

La decisión del Tribunal también establece que en la revisión de sentencias laborales, es fundamental respetar el principio de cosa juzgada; esto significa que, una vez que una sentencia ha sido firmada y no sujeta a recursos en el ámbito social, debe ser considerada como definitiva, a menos que se den circunstancias muy específicas que justifiquen una revisión, tal como lo establece el artículo 86.3 de la Ley Reguladora de la Jurisdicción Social.

El apartado 4 del art. 86 delimita aún más la interacción entre procesos, estableciendo que la tramitación de otro procedimiento no interrumpe el proceso social, salvo las excepciones previstas. Esto resalta la autonomía de estos procedimientos, aunque también establece que se puede solicitar la suspensión si ambas partes coinciden en que es necesario esperar la resolución firme de otro asunto que influya directamente en el principal.

Finalmente, la art. 4.2 de la LRJS dispone que las cuestiones prejudiciales (y previas) serán decididas en la resolución judicial que ponga fin al proceso. La decisión que se pronuncie no producirá efecto fuera del proceso en que se dicte.

JURISPRUDENCIA

STS, rec. 2142/2000, de 14 de septiembre de 2001, ECLI:ES:TS:2001:6784

La sentencia aborda situaciones en las que una controversia social puede depender de la existencia de un hecho ya juzgado por un órgano contencioso-administrativo. Sin embargo, la LRJS aclara que la vinculación en los hechos no es absoluta, permitiendo a la jurisdicción social determinar libremente respecto a los hechos sometidos a su consideración, siempre que estos hayan sido debatidos adecuadamente.

Así, la prejudicialidad opera cuando el resultado de un asunto de derecho social depende de la resolución de un asunto penal o administrativo previamente decidido, estableciendo criterios claros sobre la relación entre estos distintos órdenes jurisdiccionales en la toma de decisiones judiciales.

STS, rec. 3863/2000, de 17 de enero de 2002, ECLI:ES:TS:2002:9355

En el contexto de la sentencia analizada, se hace referencia a la doctrina del Tribunal Constitucional sobre cómo la vinculación entre hechos probados puede no ser absoluta, permitiendo que en diferentes órdenes jurisdiccionales se pueda alcanzar conclusiones divergentes basadas en hechos distintos. Este principio es clave cuando se dirime si un hecho ya juzgado por un orden jurisdiccional tiene efectos vinculantes en otro.

9.
PROCEDIMIENTO TESTIGO

El procedimiento testigo permite tramitar con preferencia uno o varios procesos entre varios con idéntico objeto y misma parte demandada, al no ser susceptibles de acumulación. Tras dictarse sentencia firme en el proceso tramitado con carácter preferente, otros procesos suspendidos podrán interesarse por la extensión de sus efectos o la continuación del procedimiento suspendido. Esto busca mejorar la eficiencia y coherencia en la resolución de casos similares. Su regulación en el orden social se realiza mediante los arts. 86 bis y 247 ter de la LRJS.

Cuando ante un juez, una jueza o un tribunal estuviera pendiente una pluralidad de procesos con idéntico objeto y misma parte demandada, el órgano jurisdiccional, siempre que conforme a la presente ley no fueran susceptibles de acumulación o no se hubiera podido acumular, deberá tramitar preceptivamente uno o varios con carácter preferente, atendiendo al orden de presentación de las respectivas demandas, previa audiencia de las partes por plazo común de cinco días y suspendiendo el curso de los demás hasta que se dicte sentencia en los primeros.

Una vez firme la sentencia, se dejará constancia de ella en los procesos suspendidos y se notificará a las partes de los mismos a fin de que, en el plazo de cinco días, puedan interesar los demandantes la extensión de sus efectos en los términos previstos en el art. 247 ter de la LRJS, la continuación del procedimiento o bien desistir de la demanda.

CUESTIÓN

1. ¿En qué consiste el procedimiento testigo en la jurisdicción social?

– Se trata de un procedimiento para los casos en los que un juez, jueza o tribunal diriman una pluralidad de procesos con idéntico objeto y misma parte demandada.

– El órgano jurisdiccional deberá tramitar uno o varios de los procesos con carácter preferente, previa audiencia de las partes.

– Tras la firmeza de la sentencia, las partes de los procesos suspendidos deberán interesar la extensión de sus efectos, la continuación del procedimiento o bien desistir de la demanda en el plazo de cinco días.

2. Con efectos de 20/03/2024, ¿qué nuevos trámites procesales se introducen en el ordenamiento laboral?

A partir del 20/03/2024, al ordenamiento laboral se incorporan dos nuevos trámites: el procedimiento testigo y la extensión de efectos. El procedimiento testigo permite suspender juicios en espera de una sentencia firme en un caso preferente, tras la cual las partes pueden reanudar el pleito, desistir, o seguir una vía rápida para extender los efectos de la resolución (art. 86 bis de la LRJS). La extensión de efectos habilita a personas no involucradas en un procedimiento judicial a beneficiarse de una sentencia firme, generando un impacto más amplio en la justicia laboral (art 247 ter de la LRJS).

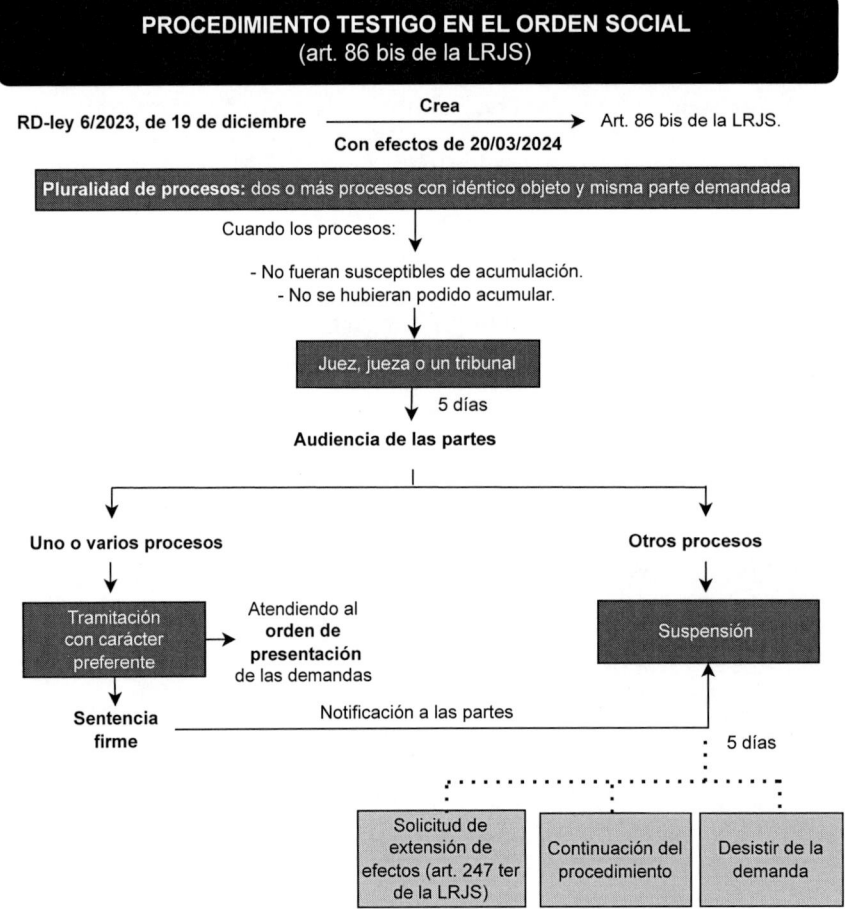

PROCEDIMIENTO TESTIGO EN EL ORDEN SOCIAL
(art. 86 bis de la LRJS)

RD-ley 6/2023, de 19 de diciembre ——**Crea**——▶ Art. 86 bis de la LRJS.
Con efectos de 20/03/2024

Pluralidad de procesos: dos o más procesos con idéntico objeto y misma parte demandada

Cuando los procesos:

- No fueran susceptibles de acumulación.
- No se hubieran podido acumular.

Juez, jueza o un tribunal

5 días

Audiencia de las partes

Uno o varios procesos — **Otros procesos**

Tramitación con carácter preferente ▶ Atendiendo al **orden de presentación** de las demandas

Suspensión

Sentencia firme — Notificación a las partes

5 días

Solicitud de extensión de efectos (art. 247 ter de la LRJS)

Continuación del procedimiento

Desistir de la demanda

10.
PROCESO MONITORIO LABORAL

El art. 101 de la Ley 36/2011, de 10 de octubre, reguladora de la jurisdicción social, regula el proceso monitorio en el ámbito laboral para **reclamaciones de deudas que no excedan de 15.000 euros**. (Procedimiento monitorio. Paso a paso. Colex. Año 2024).

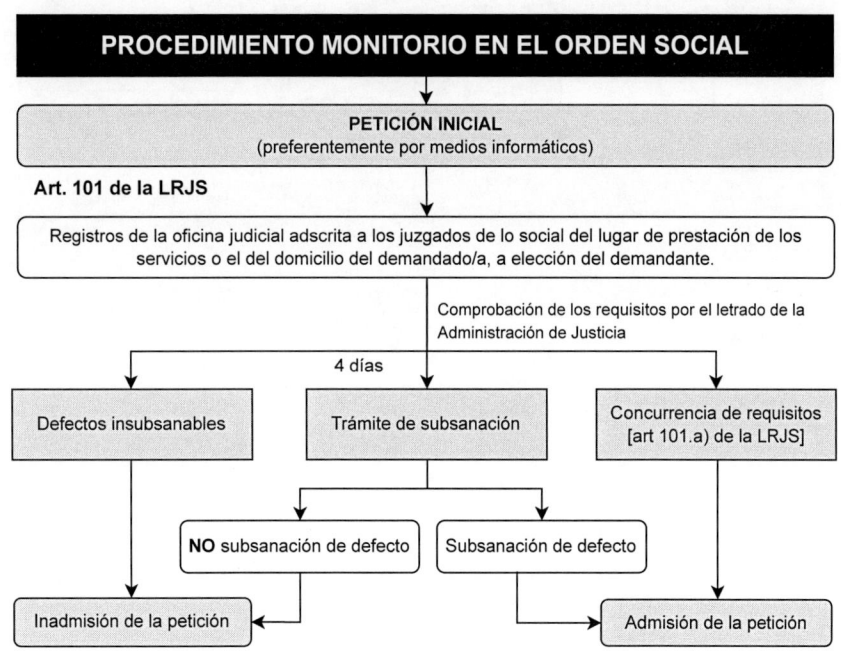

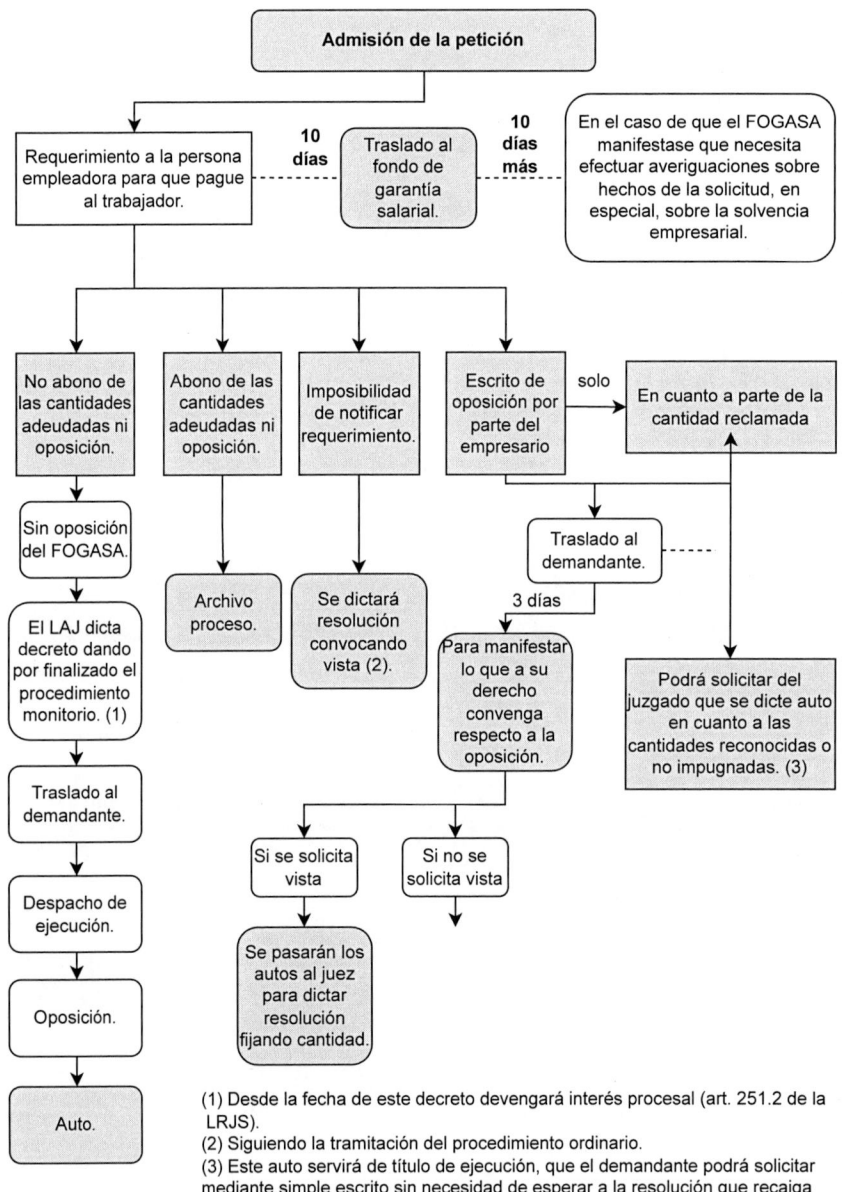

(1) Desde la fecha de este decreto devengará interés procesal (art. 251.2 de la LRJS).

(2) Siguiendo la tramitación del procedimiento ordinario.

(3) Este auto servirá de título de ejecución, que el demandante podrá solicitar mediante simple escrito sin necesidad de esperar a la resolución que recaiga respecto de las cantidades controvertidas.

10.1. Legitimación y capacidad

Este procedimiento puede iniciarse para la reclamación de cantidades, por parte de trabajadores frente a empresarios (privados y también empresas públicas), que no se encuentren en situación de concurso, referidas a cantidades vencidas, exigibles y de cuantía determinada, derivadas de su relación laboral, **que no excedan de quince mil euros.**

> **A TENER EN CUENTA.** Se incrementa de 6.000 a 15.000 euros (a partir del 20/03/2024) la cantidad por la que se puede reclamar mediante el procedimiento monitorio laboral.

Quedan excluidas de este procedimiento las reclamaciones de carácter colectivo que se pudieran formular por la representación de los trabajadores, así como las que se interpongan contra las entidades gestoras o colaboradoras de la Seguridad Social.

A tenor de lo preceptuado en el **artículo 9 de la LEC**, según el cual: «la falta de capacidad para ser parte y de capacidad procesal podrá ser apreciada de oficio por el tribunal en cualquier momento del proceso», lo que incluye también el trámite de admisión de la petición monitoria. **(Sentencia de la Audiencia Provincial de A Coruña n.º 235/2005, de 24 de junio, ECLI:ES:APC:2005:650).**

Esta sentencia señala: *«(...) el Tribunal no puede pasar por alto un obstáculo apreciable de oficio, a tenor de lo preceptuado en el artículo 9 de la LEC, según el cual: «La falta de capacidad para ser parte y de capacidad procesal podrá ser apreciada de oficio por el tribunal en cualquier momento del proceso», lo que incluye también el trámite de admisión de la petición monitoria, presentada en el caso que nos ocupa en nombre de Santander Consumer Finance S.A. por una persona física que no es su representante legal ni procurador sino apoderado (...)».*

En relación a la capacidad para ser parte en el proceso monitorio laboral, haremos mención del siguiente artículo de la LRJS:

Artículo 16 de la LRJS. Capacidad procesal y representación.

«1. Podrán comparecer en juicio en defensa de sus derechos e intereses legítimos quienes se encuentren en el pleno ejercicio de sus derechos civiles.

2. Tendrán capacidad procesal los trabajadores mayores de dieciséis años y menores de dieciocho respecto de los derechos e intereses legítimos derivados de sus contratos de trabajo y de la relación de Seguridad Social, cuando legalmente no precisen para la celebración de dichos contratos autorización de sus padres, tutores o de la persona o institución que los tenga a su cargo, o hubieran obtenido autorización para contratar de sus padres, tutores o persona o institución que los tenga a su cargo

conforme a la legislación laboral o la legislación civil o mercantil respectivamente. Igualmente tendrán capacidad procesal los trabajadores autónomos económicamente dependientes mayores de dieciséis años.

3. En los supuestos previstos en el apartado anterior, los trabajadores mayores de dieciséis años y menores de dieciocho tendrán igualmente capacidad procesal respecto de los derechos de naturaleza sindical y de representación, así como para la impugnación de los actos administrativos que les afecten.

4. Por quienes no se hallaren en el pleno ejercicio de sus derechos civiles comparecerán sus representantes legítimos o los que deban suplir su incapacidad conforme a derecho.

5. Por las personas jurídicas comparecerán quienes legalmente las representen. Por las entidades sin personalidad a las que la ley reconozca capacidad para ser parte comparecerán quienes legalmente las representen en juicio. Por las masas patrimoniales o patrimonios separados carentes de titular o cuyo titular haya sido privado de sus facultades de disposición y administración comparecerán quienes conforme a la ley las administren. Por las entidades que, no habiendo cumplido los requisitos legalmente establecidos para constituirse en personas jurídicas, estén formadas por una pluralidad de elementos personales y patrimoniales puestos al servicio de un fin determinado, comparecerán quienes de hecho o en virtud de pactos de la entidad, actúen en su nombre frente a terceros o ante los trabajadores. Por las comunidades de bienes y grupos comparecerán quienes aparezcan, de hecho o de derecho, como organizadores, directores o gestores de los mismos, o en su defecto como socios o partícipes de los mismos y sin perjuicio de la responsabilidad que, conforme a la ley, pueda corresponder a estas personas físicas».

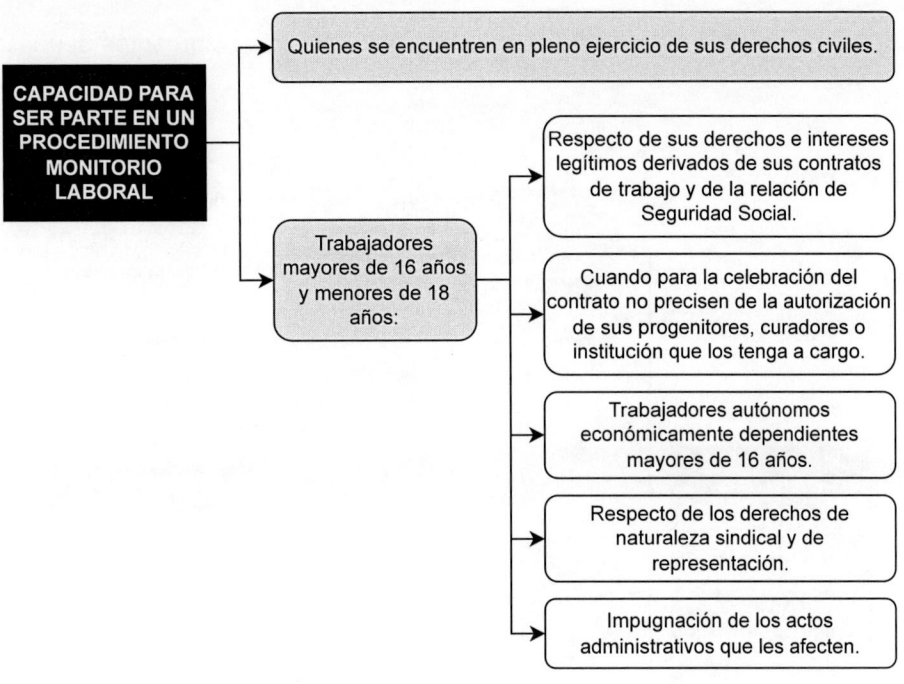

10.2. Postulación y defensa

Conforme a los **artículos 18 y 21 de la LRJS,** las partes podrán comparecer por sí mismas o conferir su representación a abogado, procurador, graduado social o cualquier persona que se encuentre en el pleno ejercicio de sus derechos civiles, representación que podrá conferirse por poder otorgado por comparecencia ante el letrado o letrada de la Administración de Justicia, a través del registro electrónico de apoderamientos *apud acta* o mediante escritura pública. La representación técnica por graduado social colegiado y la defensa por abogado tendrá carácter facultativo en la instancia.

A TENER EN CUENTA. El artículo 18.1 de la LRJS fue objeto de modificación por el Real Decreto-ley 6/2023, de 19 de diciembre, en vigor a partir del 20 de marzo de 2024, fecha a partir de la cual las partes podrán comparecer ante el letrado o letrada de la Administración de Justicia a través del registro electrónico de apoderamiento apud acta además de por escritura pública, como ya se contemplaba originariamente.

10.3. Deudas susceptibles de reclamación

En el proceso monitorio laboral se podrán reclamar las siguientes deudas:

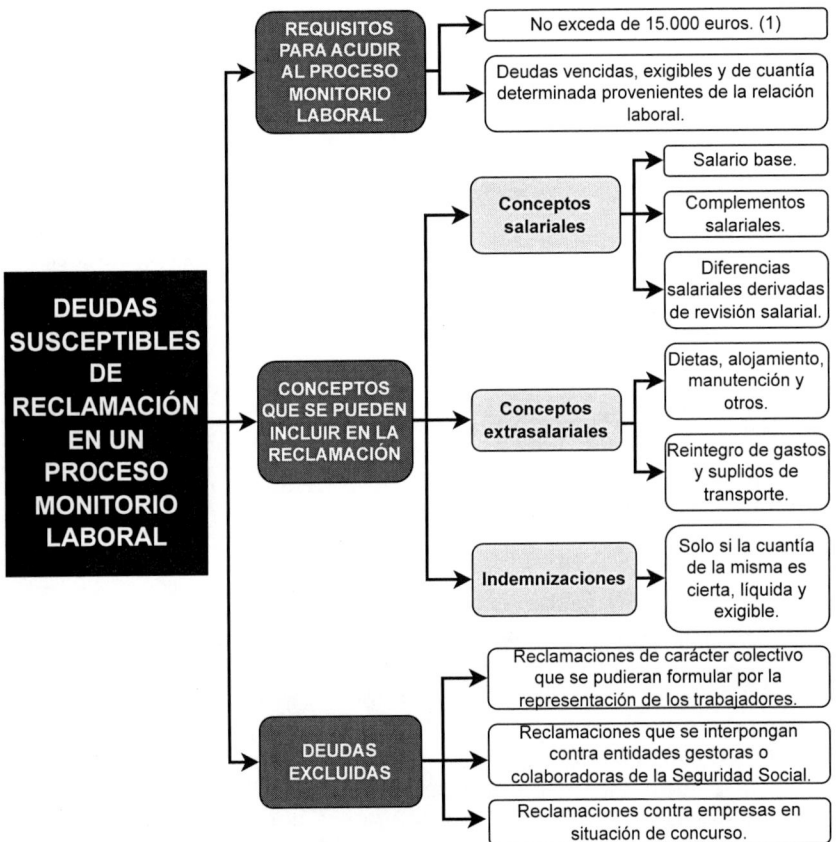

(1) Desde el 20/03/24 se incrementa de 6.000 a 15.000 euros la cantidad por la que se puede reclamar mediante el procedimiento monitorio laboral.

10.4. Acumulación de acciones

Se aplicará lo regulado en el art. **25.3 de la LRJS, que ha sido objeto de reforma por el Real Decreto-ley 6/2023, de 19 de diciembre,** por lo que, a partir del 20 de marzo de 2024, su redacción es la que sigue:

> «También podrán acumularse, ejercitándose simultáneamente, las acciones que uno o varios actores tengan contra uno o varios demandados, siempre que entre esas acciones exista un nexo por razón del título o causa de pedir. Se entenderá que el título o causa de pedir es idéntico o conexo cuando las acciones se funden en los mismos hechos o en una misma o análoga decisión empresarial o en varias decisiones empresariales análogas.
>
> Si en estos casos, el actor o los actores no ejercitan conjuntamente las acciones, el juzgado deberá acordar la acumulación de los procesos, de conformidad con lo dispuesto en el artículo 28, salvo cuando aprecie, de forma motivada, que la acumulación podría ocasionar perjuicios desproporcionados a la tutela judicial efectiva del resto de intervinientes».

A TENER EN CUENTA. Antes de la entrada en vigor de la reforma operada en el artículo 25.3 de la LRJS por el Real Decreto-ley 6/2023, de 19 de diciembre, es decir el 20 de marzo de 2024, la redacción del artículo será la siguiente: «3. También podrán acumularse, ejercitándose simultáneamente, las acciones que uno o varios actores tengan contra uno o varios demandados, siempre que entre esas acciones exista un nexo por razón del título o causa de pedir. Se entenderá que el título o causa de pedir es idéntico o conexo cuando las acciones se funden en los mismos hechos».

Si se ejercitaran acciones indebidamente acumuladas, el letrado de la Administración de Justicia requerirá al demandante para que, en el plazo de 4 días, subsane el defecto, eligiendo la acción que pretende mantener. En caso de que no lo hiciera, o si se mantuviera la circunstancia de no acumulabilidad entre las acciones, dará cuenta al tribunal para que este, en su caso, acuerde el archivo de la demanda (**art. 27 de la LRJS**).

10.5. Finalización

Transcurrido el plazo conferido en el requerimiento, de haberse abonado o consignado el importe total se archivará el proceso, previa **entrega de la cantidad al solicitante.**

De no haber mediado oposición por parte del empresario o del Fondo de Garantía Salarial, el letrado de la Administración de Justicia dictará decreto dando por terminado el proceso monitorio y dará traslado al demandante para que inste el despacho de ejecución, bastando para ello con la mera solicitud.

Desde la fecha de este decreto se devengará el interés procesal del apartado 2 del artículo 251 de la LRJS. Contra el auto de despacho de la ejecución, conteniendo la orden general de ejecución, procederá oposición según lo previsto en el apartado 4 del artículo 239 de la LRJS y pudiendo alegarse a tal efecto la falta de notificación del requerimiento. Contra el auto resolutorio de la oposición no procederá recurso de suplicación.

En caso de insolvencia o concurso posteriores, el auto de despacho de la ejecución servirá de título bastante, a los fines de la garantía salarial que proceda según la naturaleza originaria de la deuda; si bien no tendrá eficacia de cosa juzgada, aunque excluirá litigio ulterior entre empresario y trabajador con idéntico objeto y sin perjuicio de la determinación de la naturaleza salarial o indemnizatoria de la deuda y demás requisitos en el expediente administrativo oportuno frente a la institución de garantía, en su caso

De haber **oposición del demandado en plazo** (10 días) y forma (sucinta), se dará traslado a la parte demandante para que manifieste en tres días lo que a su derecho convenga respecto a la oposición. Si las partes no solicitan vista, pasarán los autos al juez o jueza para dictar resolución fijando la cantidad concreta por la que despachar ejecución. Si se solicitara vista, se convocará la misma siguiendo la tramitación del procedimiento ordinario.

A TENER EN CUENTA. El archivo no supone perjuicio para el actor, quien podrá formular nueva demanda siguiendo el procedimiento ordinario (arts. 80-100 del LRJS).

De haber **oposición del demandado solo en cuanto a parte de la cantidad reclamada**, el demandante podrá solicitar del juzgado que se dicte auto acogiendo la reclamación en relación con las cantidades reconocidas o no impugnadas. Este auto servirá de título de ejecución, que el demandante podrá solicitar mediante simple escrito sin necesidad de esperar a la resolución que recaiga respecto de las cantidades controvertidas.

CUESTIÓN

¿Qué ocurrirá en caso de que no sea posible notificar el requerimiento de pago en la forma exigida?

Si no hubiera sido posible notificar personalmente en la forma exigida el requerimiento de pago se dictará resolución convocando vista siguiendo la tramitación del procedimiento ordinario.

A TENER EN CUENTA. Del requerimiento se dará traslado por igual plazo al Fondo de Garantía Salarial, plazo que se ampliará respecto del mismo por otros diez días más, si manifestase que necesita efectuar averiguaciones sobre los hechos de la solicitud, en especial sobre la solvencia empresarial [art. 101 a) de la LRJS].

ANEXO.
FORMULARIOS

Escrito de solicitud de suspensión de los actos de conciliación y juicio a instancia de ambas partes en el orden social

El artículo 83 de la Ley Reguladora de la Jurisdicción Social regula la suspensión de los actos de conciliación y juicio del proceso ordinario laboral, y dispone que estos sólo podrán suspenderse **a petición de ambas partes** o por motivos justificados y acreditados ante el Letrado de la Administración de Justicia. Esta suspensión se concederá por una sola vez, señalándose nuevamente dentro de los diez días siguientes y, excepcionalmente y por circunstancias trascendentes adecuadamente probadas, podrá acordarse una segunda.

Si el actor, citado en forma, no compareciese ni alegase justa causa que motive la suspensión del acto de conciliación o del juicio, el Letrado de la Administración de Justicia en el primer caso y el juez o tribunal en el segundo, le tendrán por desistido de su demanda. La incomparecencia injustificada del demandado no impedirá la celebración de los actos de conciliación y juicio, continuando éste sin necesidad de declarar su rebeldía.

El siguiente modelo facilita a las partes solicitar la suspensión del acto de conciliación y del eventual ulterior juicio, con arreglo a lo anteriormente expuesto.

AUTOS N.º [NÚMERO]

AL JUZGADO DE LO SOCIAL N.º [NUM_JUZGADO] DE [LOCALIDAD] (1)

D./D.ª [NOMBRE_DEMANDANTE], parte demandante, y D./D.ª [NOMBRE_DE-MANDADO], parte demandada, cuyas circunstancias obran en los Autos reseñados, ante el juzgado de lo Social (1), comparecen y como mejor proceda en Derecho,

DICEN

ÚNICO.- Ambas partes de mutuo acuerdo vienen a solicitar la suspensión de los actos de conciliación y, en su caso, juicio, señalados para el [DIA] de [MES] de [AÑO], como consecuencia de: [DESCRIPCIÓN] al amparo del artículo 83.1 de la Ley reguladora de la jurisdicción social. (2)

Por todo lo expuesto,

SUPLICAMOS A ESE JUZGADO DE LO SOCIAL:

Tenga por presentado este escrito, lo admita y, en su virtud, tenga por hechas las manifestaciones que el mismo contiene, en los términos expuestos y dé al mismo el trámite pertinente.

Es justicia que se pide en [LOCALIDAD], a [DÍA] de [MES] de [AÑO].

[FIRMAS]

---

(1) Por la reforma realizada por la LO 1/2025, de 2 de enero, una vez implantados de forma efectiva los tribunales de instancia (D.T. 1.ª), todas las referencias realizadas a los juzgados unipersonales se entenderán realizadas a las secciones del orden jurisdiccional correspondiente de los tribunales de instancia.

(2) Sólo a petición de ambas partes o por motivos justificados, acreditados ante el secretario judicial, podrá éste suspender, por una sola vez, los actos de conciliación y juicio, señalándose nuevamente dentro de los diez días siguientes a la fecha de la suspensión. Excepcionalmente y por circunstancias trascendentes adecuadamente probadas, podrá acordarse una segunda suspensión. En caso de coincidencia de señalamientos, de no ser posible la sustitución dentro de la misma representación o defensa, una vez justificados los requisitos del ordinal 6º del apartado 1 del artículo 188 de la Ley de Enjuiciamiento Civil, previa comunicación por el solicitante a los demás profesionales siempre que consten sus datos en el procedimiento, se procurará, ante todo, acomodar el señalamiento dentro de la misma fecha y, en su defecto, habilitar nuevo señalamiento, adoptando las medidas necesarias para evitar nuevas coincidencias.

Escrito de allanamiento del demandado respecto al contenido total de la demanda en el orden social

En caso de allanamiento total o parcial será aprobado por el órgano jurisdiccional, oídas las demás partes, de no incurrir en renuncia prohibida de derechos, fraude de ley o perjuicio a terceros, o ser contrario al interés público, mediante resolución que podrá dictarse en forma oral. Si el allanamiento fuese total se dictará sentencia condenatoria de acuerdo con las pretensiones del actor. Cuando el allanamiento sea parcial, podrá dictarse auto aprobatorio, que podrá llevarse a efecto por los trámites de la ejecución definitiva parcial, siempre que por la naturaleza de las pretensiones objeto de allanamiento, sea posible un pronunciamiento separado que no prejuzgue las restantes cuestiones no allanadas, respecto de las cuales continuará el acto de juicio (art. 85.7 de la LRJS).

AL JUZGADO DE LO SOCIAL NÚMERO [NÚMERO] DE [LOCALIDAD] (1)

Autos: [NÚMERO].

D./D.ª [NOMBRE_ABOGADO_CLIENTE], con domicilio en [LOCALIDAD] demandado en los presentes autos, instados por D./D.ª [NOMBRE_PARTECONTRARIA] contra D./D.ª [NOMBRE_CLIENTE] sobre [ESPECIFICAR], comparezco y, de la forma que más procedente sea en Derecho,

DIGO

PRIMERO.- En fecha [FECHA] se presentó demanda sobre [ESPECIFICAR] instada por D./D.ª [NOMBRE_PARTECONTRARIA] contra D./D.ª [NOMBRE_CLIENTE].

SEGUNDO.- Por medio del presente escrito, esta parte reconoce como ajustados a Derecho y a la realidad los fundamentos fácticos y jurídicos de la demanda de [DESCRIPCIÓN] promovida por D./D.ª [NOMBRE_PARTECONTRARIA], por lo que acepta en su totalidad e integridad los hechos y el suplico de la demanda, allanándome a la totalidad del contenido de la pretensión ejercitada en las presentes actuaciones.

TERCERO.- De acuerdo a los términos del apdo. 7 del artículo 85 de la Ley Reguladora de la Jurisdicción Social:

> «En caso de allanamiento total o parcial será aprobado por el órgano jurisdiccional, oídas las demás partes, de no incurrir en renuncia prohibida de derechos, fraude de ley o perjuicio a terceros, o ser contrario al interés público, mediante resolución que podrá dictarse en forma oral. Si el allanamiento fuese total se dictará sentencia condenatoria de acuerdo con las pretensiones del actor. Cuando el allanamiento sea parcial, podrá dictarse auto aprobatorio, que podrá llevarse a efecto por los trámites de la ejecución definitiva parcial, siempre que por la naturaleza de las pretensiones objeto de allanamiento, sea posible un pronunciamiento separado que no prejuzgue las restantes cuestiones no allanadas, respecto de las cuales continuará el acto de juicio».

Por lo expuesto,

SOLICITO AL JUZGADO: (1)

Tenga por presentado este escrito con su copia, sea admitido, tenga a esta parte por allanada a la demanda contra la misma instada por D./D.ª [NOMBRE_PARTE-CONTRARIA] contra D./D.ª [NOMBRE_CLIENTE] sobre [ESPECIFICAR] y dicte sin más trámites sentencia resolutoria del presente litigio.

En [LOCALIDAD] a [DÍA] de [MES] de [AÑO].

[FIRMA]

---

(1) Por la reforma realizada por la LO 1/2025, de 2 de enero, una vez implantados de forma efectiva los tribunales de instancia (D.T. 1.ª), todas las referencias realizadas a los juzgados unipersonales se entenderán realizadas a las secciones del orden jurisdiccional correspondiente de los tribunales de instancia.

Escrito genérico de desistimiento en el orden social

El desistimiento de una demanda es el acto procesal por el cual el demandante manifiesta su propósito de no continuar el ejercicio de la acción que ya ha sido notificada al demandado. Según el art. 20 de la LEC, emplazado el demandado, se le dará traslado por plazo de diez días: si el demandado prestare su conformidad al desistimiento o no se opusiere a él dentro de ese plazo, el Letrado de la Administración de Justicia dictará decreto acordando el sobreseimiento; si el demandado se opusiera al desistimiento, el juez resolverá lo que estime oportuno.

El modelo que se muestra a continuación sirve de apoyo a la redacción del escrito por el que la parte actora, en un procedimiento laboral, podrá desistir de la pretensión esgrimida en su demanda, solicitando el archivo de las actuaciones.

Autos: [NÚMERO].

AL JUZGADO DE LO SOCIAL N.º [NUM_JUZGADO] DE [LOCALIDAD] (1)

D./D.ª [NOMBRE] letrado/a del Ilustre Colegio de Abogados de [PROVINCIA], con n.º de colegiado/a [NÚMERO], en nombre y representación de D./D.ª [NOMBRE], con DNI [NUMERO], parte demandante en los presentes autos que a su instancia se siguen sobre [ESPECIFICAR], ante este Juzgado de lo Social (1) comparece y como mejor proceda en Derecho,

DIGO

ÚNICO.- Por medio del presente escrito vengo a DESISTIR del procedimiento reseñado debiéndose archivar el mismo a los efectos legales oportunos, no siendo la avenencia constitutiva de lesión grave para alguna de las partes o para terceros, de fraude de ley o de abuso de derecho o contrario al interés público, de acuerdo a los términos del artículo 84.2 de la Ley Reguladora de la Jurisdicción Social.

Por lo expuesto,

SOLICITO DEL JUZGADO DE LO SOCIAL N.º [NUM_JUZGADO] de [LOCALIDAD]: **(1)**

Tenga por presentado este escrito junto con sus copias, se sirva admitirlos y, previos los trámites de rigor, dicte resolución teniendo por desistida esta parte de su demanda sobre [ESPECIFICAR] y proceda, por tanto, al archivo de las actuaciones.

Así procede y respetuosamente pido en [LOCALIDAD], a [DÍA] de [MES] de [AÑO].

[FIRMA]

---

(1) Por la reforma realizada por la LO 1/2025, de 2 de enero, una vez implantados de forma efectiva los tribunales de instancia (D.T. 1.ª), todas las referencias realizadas a los juzgados unipersonales se entenderán realizadas a las secciones del orden jurisdiccional correspondiente de los tribunales de instancia.

Escrito solicitando la suspensión del procedimiento laboral por prejudicialidad penal

El art. 4.3 de la LRJS recoge que hasta que las resuelva el órgano judicial competente, las cuestiones prejudiciales penales suspenderán el plazo para adoptar la debida decisión sólo cuando se basen en falsedad documental y su solución sea de todo punto indispensable para dictarla.

Procedimiento Número: [NÚMERO]

AL JUZGADO DE LO SOCIAL N.º [NÚMERO] DE [LOCALIDAD] (1)

D./D.ª [NOMBRE_LETRADO_O_GRADUADO_SOCIAL], en calidad de letrado/a (graduado/a social) y representante de **don/doña** [NOMBRE], (demandante/demandando) en el proceso indicado, ante este juzgado de lo social, comparece y como mejor proceda en derecho,

DIGO

Que por la presente formulo petición de suspensión del juicio [NÚMERO] por prejudicialidad penal al amparo del art. 4.3 de la Ley 36/2011, de 10 de octubre, reguladora de la jurisdicción social.

Y ello con base en los siguientes,

MOTIVOS

PRIMERO.- Por demanda de fecha [DÍA] de [MES] de [AÑO], se interesaba [DESCRIPCIÓN].

SEGUNDO.- Se ha procedido a denunciar a don/doña [NOMBRE], por los presuntos delitos, entre otros, de [DESCRIPCIÓN]. **(2)**

Se acompaña como **doc. número** [NÚMERO] copia del auto de incoación de diligencias previas al respecto.

TERCERO.- De conformidad con lo anterior, nos remitimos a efectos probatorios a la referida causa penal, solicitando ya desde este instante el testimonio de los mismos para su unión a la presente.

CUARTO.- Se acompañan a estos hechos los siguientes documentos:

– Documento n.º [NÚMERO]: [DESCRIPCIÓN].

– Documento n.º [NÚMERO]: [DESCRIPCIÓN].

– Documento n.º [NÚMERO]: [DESCRIPCIÓN].

– Documento n.º [NÚMERO]: [DESCRIPCIÓN].

– Documento n.º [NÚMERO]: [DESCRIPCIÓN].

A los anteriores hechos les son de aplicación los siguientes,

FUNDAMENTOS DE DERECHO

PRIMERO.- Indica el art. 4 apartado 3 de la LRJS: «Hasta que las resuelva el órgano judicial competente, las cuestiones prejudiciales penales suspenderán el plazo para adoptar la debida decisión sólo cuando se basen en falsedad documental y su solución sea de todo punto indispensable para dictarla».

SEGUNDO.- En concordancia con lo indicado en el fundamento anterior, el art. 86 de la referida LRJS, fija:

> «1. En ningún caso se suspenderá el procedimiento por seguirse causa criminal sobre los hechos debatidos.
>
> 2. En el supuesto de que fuese alegada por una de las partes la falsedad de un documento que pueda ser de notoria influencia en el pleito, porque no pueda prescindirse de la resolución de la causa criminal para la debida decisión o condicione directamente el contenido de ésta, continuará el acto de juicio hasta el final, y en el caso de que el juez o tribunal considere que el documento pudiera ser decisivo para resolver sobre el fondo del asunto, acordará la suspensión de las actuaciones posteriores y concederá un plazo de ocho días al interesado para que aporte el documento que acredite haber presentado la querella. La suspensión durará hasta que se dicte sentencia o auto de sobreseimiento en la causa criminal, hecho que deberá ser puesto en conocimiento del juez o tribunal por cualquiera de las partes.
>
> 3. Si cualquier otra cuestión prejudicial penal diera lugar a sentencia absolutoria por inexistencia del hecho o por no haber participado el sujeto en el mismo, quedará abierta contra la sentencia dictada por el juez o Sala de lo Social la vía de la revisión regulada en la Ley de Enjuiciamiento Civil.
>
> 4. La tramitación de otro procedimiento ante el orden social no dará lugar a la suspensión del proceso salvo en los supuestos previstos en la presente Ley, sin perjuicio de los efectos propios de la litispendencia cuando se aprecie la concurrencia de dicha situación procesal. No obstante, a solicitud de ambas partes, podrá suspenderse el procedimiento hasta que recaiga resolución firme en otro procedimiento distinto, cuando en éste deba resolverse la que constituya objeto principal del primer proceso».

TERCERO.- Como supletorio a lo anterior, indica el art. 40 de la LEC:

> «1. Cuando en un proceso civil se ponga de manifiesto un hecho que ofrezca apariencia de delito o falta perseguible de oficio, el tribunal civil, mediante providencia, lo pondrá en conocimiento del Ministerio Fiscal, por si hubiere lugar al ejercicio de la acción penal.
>
> 2. En el caso a que se refiere el apartado anterior, no se ordenará la suspensión de las actuaciones del proceso civil sino cuando concurran las siguientes circunstancias:
>
> 1.ª Que se acredite la existencia de causa criminal en la que se estén investigando, como hechos de apariencia delictiva, alguno o algunos de los que fundamenten las pretensiones de las partes en el proceso civil.
>
> 2.ª Que la decisión del tribunal penal acerca del hecho por el que se procede en causa criminal pueda tener influencia decisiva en la resolución sobre el asunto civil.
>
> 3. La suspensión a que se refiere el apartado anterior se acordará, mediante auto, una vez que el proceso esté pendiente sólo de sentencia.
>
> 4. No obstante, la suspensión que venga motivada por la posible existencia de un delito de falsedad de alguno de los documentos aportados se acordará,

sin esperar a la conclusión del procedimiento, tan pronto como se acredite que se sigue causa criminal sobre aquel delito, cuando, a juicio del tribunal, el documento pudiera ser decisivo para resolver sobre el fondo del asunto.

5. En el caso a que se refiere el apartado anterior no se acordará por el Tribunal la suspensión, o se alzará por el Letrado de la Administración de Justicia la que aquél hubiese acordado, si la parte a la que pudiere favorecer el documento renunciare a él. Hecha la renuncia, se ordenará por el Letrado de la Administración de Justicia que el documento sea separado de los autos.

6. Las suspensiones a que se refiere este artículo se alzarán por el Letrado de la Administración de Justicia cuando se acredite que el juicio criminal ha terminado o que se encuentra paralizado por motivo que haya impedido su normal continuación.

7. Si la causa penal sobre falsedad de un documento obedeciere a denuncia o querella de una de las partes y finalizare por resolución en que se declare ser auténtico el documento o no haberse probado su falsedad, la parte a quien hubiere perjudicado la suspensión del proceso civil podrá pedir en éste indemnización de daños y perjuicios, con arreglo a lo dispuesto en los artículos 712 y siguientes».

En virtud de lo expuesto,

SUPLICO AL JUZGADO DE LO SOCIAL (1), que teniendo por presentado este escrito con el documento que se acompaña, se sirva admitirlo y, previo dictamen del Ministerio Fiscal, se dicte auto por el que, **declarando la EXISTENCIA DE PREJUDI-CIALIDAD PENAL, ACUERDE** la **SUSPENSIÓN** del presente procedimiento.

Por ser de justicia que se pide en [LOCALIDAD], a [DÍA] de [MES] de [ANIO].

[FIRMAS]

OTROSÍ DIGO. Siendo intención de esta parte cumplir con todos los requisitos legales, a tenor de lo previsto en el artículo 231 de la Ley de Enjuiciamiento Civil, se solicita se nos diese traslado de cualquier defecto que adoleciese la presente, para la inmediata subsanación de la misma.

SUPLICO AL JUZGADO tenga por efectuada la anterior manifestación a los efectos oportunos.

Por ser de justicia, fecha y lugar

[FIRMAS]

---

(1) Por la reforma realizada por la LO 1/2025, de 2 de enero, una vez implantados de forma efectiva los tribunales de instancia (D.T. 1.ª), todas las referencias realizadas a los juzgados unipersonales se entenderán realizadas a las secciones del orden jurisdiccional correspondiente de los tribunales de instancia

(2) A modo de ejemplo: «falsedad documental, relacionada con la redacción de los reclamados en el presente procedimiento».

Escrito de solicitud de acumulación de acciones en el orden social

La acumulación de acciones en el orden jurisdiccional social se regula en los arts. 25-41 de la LRJS.

AL JUZGADO DE LO SOCIAL NÚMERO [NÚMERO] **DE** [LOCALIDAD] **(1)**

D./D.ª [NOMBRE_CLIENTE], mayor de edad, con DNI n.º [Número] y domiciliado en [LOCALIDAD], ante el Juzgado comparezco y como mejor proceda en Derecho,

DIGO

ÚNICO.- Que al amparo de los artículos 25 y 26 de la Ley 36/2011, reguladora de la Jurisdicción Social, vengo a solicitar la acumulación al presente procedimiento, de la acción de [DESCRIPCIÓN] en reclamación de [DESCRIPCIÓN], al existir identidad de personas del demandado y demandante. (2)

Se adjunta escrito ampliatorio de la demanda en los términos en que se pretende la acumulación.

Conforme a los citados artículos, los títulos y acciones que se ejercitan no están afectados por la prohibición de acumulación al tratarse de materias de [DESCRIPCIÓN] por lo que procede acordar su acumulación. (3)

Por lo expuesto,

SOLICITO AL JUZGADO (1) que, tenga por presentado este escrito con sus copias, por efectuadas las manifestaciones contenidas en el mismo y acuerde la acumulación de acciones solicitada.

En [LOCALIDAD], [DÍA] de [MES] de [AÑO]

[FIRMA]

---

(1) Por la reforma realizada por la LO 1/2025, de 2 de enero, una vez implantados de forma efectiva los tribunales de instancia (D.T. 1.ª), todas las referencias realizadas a los juzgados unipersonales se entenderán realizadas a las secciones del orden jurisdiccional correspondiente de los tribunales de instancia

(2) El art. 25 de la LRJS, indica que el actor podrá acumular en su demanda cuantas acciones le competan contra el demandado, aunque procedan de diferentes títulos, siempre que todas ellas puedan tramitarse ante el mismo juzgado o tribunal.

(3) Sin perjuicio de lo dispuesto en los apartados 3, 5 y 8 del artículo 26 de la LRJS, en el apartado 3 del artículo 25 de la LRJS, en el apartado 1 del artículo 32 de la LRJS y en el artículo 33 de la LRJS, no podrán acumularse a otras en un mismo juicio, salvo la de responsabilidad por daños derivados, ni siquiera por vía de reconvención, las acciones de despido y demás causas de extinción del contrato de trabajo, las de modificaciones sustanciales de condiciones de trabajo, las de disfrute de vacaciones, las de materia electoral, las de impugnación

de estatutos de los sindicatos o de su modificación, las de movilidad geográfica, las de derechos de conciliación de la vida personal, familiar y laboral a las que se refiere el artículo 139 de la LRJS, las de impugnación de convenios colectivos, las de impugnación de sanciones impuestas por los empresarios a los trabajadores y las de tutela de derechos fundamentales y libertades públicas. Tampoco podrán acumularse las acciones en reclamación sobre acceso, reversión y modificación del trabajo a distancia a las que se refiere el artículo 138 bis de la LRJS.

Escrito genérico de solicitud de medidas cautelares en el orden social

Las medidas cautelares que resulten necesarias para asegurar la efectividad de la tutela judicial que pudiera acordarse en sentencia se regirán por lo dispuesto en los artículos 721 a 747 de la Ley de Enjuiciamiento Civil con la necesaria adaptación a las particularidades del proceso social y oídas las partes, si bien podrá anticiparse en forma motivada la efectividad de las medidas cuando el solicitante así lo pida y acredite que concurren razones de urgencia o que la audiencia previa puede comprometer el buen fin de la medida cautelar.

AL JUZGADO DE LO SOCIAL NÚMERO [NÚMERO] DE [CIUDAD] (1)

D./Dª. [NOMBRE_PROCURADOR_CLIENTE] procurador/a de los Tribunales y de D./ Dª. [NOMBRE] con DNI [NÚMERO] y domicilio en [DOMICILIO] cuya representación tengo acreditada en [DESCRIPCIÓN] (Indicar la clase de procedimiento), contra D./ Dª. [NOMBRE_PARTECONTRARIA] ante el Juzgado (1) comparezco y como mejor proceda en Derecho,

DIGO

Interesa a esta parte, para asegurar la efectividad de la tutela judicial que pudiera otorgarse en la sentencia estimatoria que pudiera recaer en el referido procedimiento, la adopción de las **MEDIDAS CAUTELARES**, basadas en los siguientes,

HECHOS

PRIMERO.- Se solicita la adopción de la/s medida/s [DESCRIPCIÓN] con el fin de [DESCRIPCIÓN]. (2)

SEGUNDO.- [DESCRIPCIÓN].

TERCERO.- Para la adopción de las medidas solicitadas, esta parte ofrece caución [DESCRIPCIÓN].

FUNDAMENTOS DE DERECHO (3)

PRIMERO.- Procede la adopción de las medidas cautelares que se solicitan, conforme a lo dispuesto en los artículos 727 y 730 de la Ley de Enjuiciamiento Civil, por remisión del artículo 79 de la Ley de la Jurisdicción Social.

SEGUNDO.- Es competente para conocer de esta solicitud el Tribunal al que se dirige este escrito, al encontrarse conociendo de la demanda principal conforme a lo dispuesto en el artículo 723 de la Ley de Enjuiciamiento Civil.

TERCERO.- Se ofrece caución de [CANTIDAD] conforme a lo dispuesto en el artículo 728 de la Ley de Enjuiciamiento Civil.

Por lo expuesto

SOLICITO AL JUZGADO: (1)

Admita a trámite la solicitud de medidas cautelares presentada y, en virtud de lo expuesto las acuerde.

En [LUGAR] a [DIA] de [MES] de [AÑO]

[FIRMA]

---

(1) Por la reforma realizada por la LO 1/2025, de 2 de enero, una vez implantados de forma efectiva los tribunales de instancia (D.T. 1.ª), todas las referencias realizadas a los juzgados unipersonales se entenderán realizadas a las secciones del orden jurisdiccional correspondiente de los tribunales de instancia

(2) La tutela judicial aplica medidas cautelares en multiplicidad de acciones. A modo de ej., el proceso de tutela de derechos fundamentales cuando la demanda se refiera a la protección frente al acoso art. 180.4 de la LRJS. (STS, rec. 123/2018, de 24 de junio de 2019, ECLI:ES:TS:2019:2226).

(3) Respecto a las medidas cautelares, el apdo. 1 del art. 79 de la LRJS remite a lo previsto en los arts. 721 y ss. LEC, con la necesaria aplicación a «las particularidades del Orden Social». En concreto, el art. 721.1 de la LEC señala que: «Bajo su responsabilidad, todo actor, principal o reconvencional, podrá solicitar del tribunal, conforme a lo dispuesto en este Título, la adopción de las medidas cautelares que considere necesarias para asegurar la efectividad de la tutela judicial que pudiera otorgarse en la sentencia estimatoria que se dictare». El artículo 733.1 de la LEC dispone que, como regla general, El Tribunal proveerá a la petición de medidas cautelares previa audiencia del demandado y el art. 733.2 de la LEC señala que: «No obstante lo dispuesto en el apartado anterior, cuando el solicitante así lo pida y acredite que concurren razones de urgencia o que la audiencia previa puede comprometer el buen fin de la medida cautelar, el tribunal podrá acordarla sin más trámites mediante auto, en el plazo de cinco días, en el que razonará por separado sobre la concurrencia de los requisitos de la medida cautelar y las razones que han aconsejado acordarla sin oír al demandado»

En ambos casos, el art. 728.1 de la LEC exige para acordar dichas medidas cautelares o cautelosísimas que concurran dos requisitos: el fumus boni iuris (la apariencia de buen derecho), el periculum in mora (la necesidad de adoptarlas urgentemente) y la adecuación de la medida al fin propuesto y la proporcionalidad de la misma. En efecto, el art. 728.1 de la LEC establece que: «Sólo podrán acordarse medidas cautelares si quien las solicita justifica, que, en el caso de que se trate, podrían producirse durante la pendencia del proceso, de no adoptarse las medidas solicitadas, situaciones que impidieren o dificultaren la efectividad de la tutela que pudiere otorgarse en una eventual sentencia estimatoria. No se acordarán medidas cautelares cuando con ellas se pretenda alterar situaciones de hecho consentidas por el solicitante durante largo tiempo, salvo que éste justifique cumplidamente las razones por las cuales dichas medidas no se han solicitado hasta entonces». (AAN n.º 17/2020, de 1 de abril de 2020, ECLIES:AN:2020:940A).

Finalmente, en cuanto a las medidas a adoptar, el art. 727.11 de la LEC señala que se podrán adoptar: «Aquellas otras medidas que, para la protección de ciertos derechos, prevean expresamente las leyes, o que se estimen necesarias para asegurar la efectividad de la tutela judicial que pudiere otorgarse en la sentencia estimatoria que recayere en el juicio».

Escrito de solicitud de aportación de documentos por terceros en el orden social

Tal como establece el apdo. 3 del art. 90 de la Ley Reguladora de la Jurisdicción Social, las partes podrán solicitar, «(...) al menos con diez días de antelación a la fecha del juicio, diligencias de preparación de la prueba a practicar en juicio salvo cuando el señalamiento se deba efectuar con antelación menor, en cuyo caso el plazo será de tres días, y sin perjuicio de lo que el juez, la jueza o el tribunal decida sobre su admisión o inadmisión en el acto del juicio».

La referida citación se solicitará mediante un escrito procesal que podrá ser redactado con ayuda del siguiente modelo.

AUTOS N.º [NUM_AUTOS]

AL JUZGADO DE LO SOCIAL N.º [NUM_JUZGADO] **DE** [LOCALIDAD] **(1)**

D./D.ª [NOMBRE_LETRADO], en calidad de Letrado y representante de D./D.ª [NOMBRE_TRABAJADOR], correo electrónico [MAIL] y telf. [NÚMERO], representación que acredito mediante copia de escritura de apoderamiento que acompaño, y domicilio a efectos de notificaciones en [DOMICILIO_DESPACHO], ante este Juzgado de lo Social (1), comparece y como mejor proceda en derecho,

DIGO

Que estando señalado para el próximo día [DIA] de [MES] de [AÑO] a las [HORA] horas (2), la celebración de los actos de conciliación y juicio derivados de la demanda interpuesta por D./D.ª [NOMBRE_DEMANDANTE] sobre [MOTIVO_DEMANDA], y al amparo de la «Admisibilidad de los medios de prueba» establecida en el artículo 90 de la Ley 36/2011, de 10 de octubre, reguladora de la jurisdicción social vengo a solicitar como medio de prueba a practicar en el acto del juicio, el siguiente:

DOCUMENTAL, consistente en que se requiera a D./D.ª [NOMBRE] para que aporte al acto del juicio la siguiente documentación [DOCUMENTACIÓN SOLICITADA]. (3)

En su virtud,

SUPLICO AL JUZGADO: (1)

Tenga por presentado este escrito, lo admita y en su virtud acuerde la citación personal de D./D.ª [NOMBRE_APELLIDOS] para que comparezca personalmente en el acto del juicio a fin de que aporte la documentación, con las advertencias legales preceptivas. (4)

Es justicia que se pide en [LOCALIDAD], en [DIA] de [MES] de [AÑO].

[FIRMA] D./D.ª [NOMBRE_LETRADO]

---

(1) Por la reforma realizada por la LO 1/2025, de 2 de enero, una vez implantados de forma efectiva los tribunales de instancia (D.T. 1.ª), todas las referencias realizadas a los juzgados unipersonales se entenderán realizadas a las secciones del orden jurisdiccional correspondiente de los tribunales de instancia.

(2) Las partes, previa justificación de la utilidad y pertinencia de las diligencias propuestas, podrán servirse de cuantos medios de prueba se encuentren regulados en la LRJS para acreditar los hechos controvertidos o necesitados de prueba, incluidos los procedimientos de reproducción de la palabra, de la imagen y del sonido o de archivo y reproducción de datos, que deberán ser aportados por medio de soporte adecuado y poniendo a disposición del órgano jurisdiccional los medios necesarios para su reproducción y posterior constancia en autos. Podrán asimismo solicitar, al menos con diez días de antelación a la fecha del juicio, diligencias de preparación de la prueba a practicar en juicio salvo cuando el señalamiento se deba efectuar con antelación menor, en cuyo caso el plazo será de tres días, y sin perjuicio de lo que el juez, la jueza o el tribunal decida sobre su admisión o inadmisión en el acto del juicio.

(3) No se admitirán pruebas que tuvieran su origen o que se hubieran obtenido, directa o indirectamente, mediante procedimientos que supongan violación de derechos fundamentales o libertades públicas. Esta cuestión podrá ser suscitada por cualquiera de las partes o de oficio por el tribunal en el momento de la proposición de la prueba, salvo que se pusiese de manifiesto durante la práctica de la prueba una vez admitida. A tal efecto, se oirá a las partes y, en su caso, se practicarán las diligencias que se puedan practicar en el acto sobre este concreto extremo, recurriendo a diligencias finales solamente cuando sea estrictamente imprescindible y la cuestión aparezca suficientemente fundada. Contra la resolución que se dicte sobre la pertinencia de la práctica de la prueba y en su caso de la unión a los autos de su resultado o del elemento material que incorpore la misma, sólo cabrá recurso de reposición, que se interpondrá, se dará traslado a las demás partes y se resolverá oralmente en el mismo acto del juicio o comparecencia, quedando a salvo el derecho de las partes a reproducir la impugnación de la prueba ilícita en el recurso que, en su caso, procediera contra la sentencia.

(4) En caso de negativa injustificada de la persona afectada a la realización de las actuaciones acordadas por el órgano jurisdiccional, la parte interesada podrá solicitar la adopción de las medidas que fueran procedentes, pudiendo igualmente valorarse en la sentencia dicha conducta para tener por probados los hechos que se pretendía acreditar a través de la práctica de dichas pruebas, así como a efectos de apreciar temeridad o mala fe procesal.

Escrito de solicitud de práctica de prueba testifical en acto de juicio en el orden social

Según establece el art. 90 de la Ley 36/2011, de 10 de octubre, Reguladora de la Jurisdicción Social las partes podrán solicitar, al menos con diez días de antelación a la fecha del juicio, diligencias de preparación de la prueba a practicar en juicio salvo cuando el señalamiento se deba efectuar con antelación menor, en cuyo caso el plazo será de **tres días, y sin perjuicio de lo que el juez, la jueza o el tribunal decida sobre su admisión o inadmisión en el acto del juicio.**

A través de un escrito procesal como el que a continuación se muestra, las partes podrán solicitar al juzgado de lo social la práctica de prueba testifical en acto de juicio, de conformidad con el precitado artículo.

AL JUZGADO DE LO SOCIAL NÚMERO [NUM_JUZGADO] DE [PROVINCIA] (1)

Autos: [NUM_AUTOS].

D./D.ª [NOMBRE], con domicilio en [DOMICILIO], demandante en los presentes autos, instados por D./D.ª [NOMBRE], contra D./D.ª [NOMBRE], sobre [ESPECIFICAR], comparezco y, de la forma que más procedente sea en Derecho,

DIGO

Primero.- Conforme al artículo 90 de la Ley de Jurisdicción Social, las partes, previa justificación de la utilidad y pertinencia de las diligencias propuestas, podrán servirse de cuantos medios de prueba se encuentren regulados en la Ley para acreditar los hechos controvertidos o necesitados de prueba, incluidos los procedimientos de reproducción de la palabra, de la imagen y del sonido o de archivo y reproducción de datos, que deberán ser aportados por medio de soporte adecuado y poniendo a disposición del órgano jurisdiccional los medios necesarios para su reproducción y posterior constancia en autos. Podrán asimismo solicitar, al menos con diez días de antelación a la fecha del juicio, diligencias de preparación de la prueba a practicar en juicio salvo cuando el señalamiento se deba efectuar con antelación menor, en cuyo caso el plazo será de tres días, y sin perjuicio de lo que el juez, la jueza o el tribunal decida sobre su admisión o inadmisión en el acto del juicio. (2)

Segundo.- En las presentes actuaciones, por resolución de fecha [FECHA] se ha acordado señalar el próximo día [DIA] de [MES], a las [HORA] horas de su mañana, para la celebración de los actos de conciliación y, en su caso, juicio. (3)

Tercero.- Interesa al derecho de esta parte, valerse en el acto del juicio de la prueba testifical de D./D.ª [NOMBRE], con domicilio en [DOMICILIO], y D./D.ª [NOMBRE], con domicilio en [DOMICILIO], trabajadores ambos de la empresa demandada, que para comparecer y deponer como testigos, habrán de ser citados por medio de los cauces legales ordinarios o extraordinarios del Juzgado, dado que de otro modo, no podrían comparecer por encontrarse trabajando.

Así, en virtud de lo expuesto, y al amparo de lo preceptuado en el artículo 90 de la Ley de Jurisdicción Social,

SUPLICO al Juzgado (1) que, tenga por presentado este escrito con su copias, se sirva admitir el mismo y la práctica de la prueba interesada, acordando la citación de los testigos propuestos a fin de que comparezcan para declarar en el acto del juicio señalado para el día [DIA], a las [HORA] horas, pues así procede conforme a derecho y justicia.

En [PROVINCIA] a [DIA] de [MES] de [AÑO]

[FIRMAS]

---

(1) Por la reforma realizada por la LO 1/2025, de 2 de enero, una vez implantados de forma efectiva los tribunales de instancia (D.T. 1.ª), todas las referencias realizadas a los juzgados unipersonales se entenderán realizadas a las secciones del orden jurisdiccional correspondiente de los tribunales de instancia.

(2) La Ley Orgánica 1/2025, con efectos del 03/04/2025, realizó un cambio de redacción en el art. 90 de la LRJS: las partes pueden solicitar, al menos con diez días (antes cinco) de antelación a la fecha del juicio, diligencias de preparación de la prueba a practicar en juicio, salvo cuando el señalamiento se deba efectuar con antelación menor, en cuyo caso el plazo será de tres días. Además, se añade que esto es sin perjuicio de lo que el juez, la jueza o el tribunal decida sobre su admisión o inadmisión en el acto del juicio.

(3) En caso de acto de conciliación anticipada indicar.

Escrito de petición inicial en el proceso monitorio laboral

El trabajador podrá formular petición en el proceso monitorio cuando se trate de reclamaciones frente a empresarios que no se encuentren en situación de concurso, referidas a cantidades vencidas, exigibles y de cuantía determinada, derivadas de su relación laboral, quedando excluidas las reclamaciones de carácter colectivo que se pudieran formular por la representación de los trabajadores, así como las que se interpongan contra las entidades gestoras o colaboradoras de la Seguridad Social, que no excedan de **quince mil euros,** cuando conste la posibilidad de su notificación por los procedimientos previstos en los artículos 56 y 57 de la LJS (art. 101 de la LRJS).

AL JUZGADO DE LO SOCIAL DE [LOCALIDAD]

Don/Doña [NOMBRE], mayor de edad, con DNI n.º [DNI], y con domicilio en la calle [CALLE] n.º [NÚMERO] de [LOCALIDAD] ante el juzgado de lo social comparezco y como mejor proceda en derecho

DIGO

Por medio del presente escrito, en tiempo y forma legal, formulo **PETICIÓN INICIAL DE PROCEDIMIENTO MONITORIO**, en reclamación de cantidad, contra la empresa [DENOMINACIÓN_SOCIAL] (1), dedicada a la actividad de [ACTIVIDAD_EMPRESA], con domicilio social en [DOMICILIO_SOCIAL], fundamentada en los siguientes,

HECHOS (2)

PRIMERO.- Presto servicios laborales para la empresa [NOMBRE_EMPRESA] desde [FECHA] con el grupo de [GRUPO_PROFESIONAL] y percibo un salario de [CANTIDAD] euros mensuales, adjuntando documentos acreditativos (3).

SEGUNDO.- La empresa no me ha abonado los salarios de [MES] ([CANTIDAD] euros), [MES] ([CANTIDAD] euros) y paga de beneficios ([CANTIDAD] euros), lo que supone un total de [CANTIDAD] euros, adjuntando documentos acreditativos de la citada deuda. Han de acompañarse recibos de salarios, comunicación empresarial o reconocimiento de deuda u otros documentos análogos de los que resulte un principio de prueba de la cuantía de la deuda (artículo 101 letra a de la LRJS). (4)

TERCERO.- En fecha [FECHA], el empresario reconoció que me adeudaba dicha cantidad pero que en este momento no me la podía pagar.

CUARTO.- El proceso monitorio laboral queda exento de la obligación extrajudicial previa a la jurisdicción social. (5)

Por todo ello,

SUPLICO AL JUZGADO:

Que tenga por presentada esta petición (6) con sus copias y documentos adjuntos y tenga por formulada petición inicial de proceso monitorio contra [NOMBRE] y en su virtud proceda a requerir a dicho empresario para que en el plazo de diez días me pague la cantidad adeudada, de [CANTIDAD] euros, acreditándolo ante el juzgado, apercibiéndole de que si no paga la cantidad adeudada en el citado plazo ni formula oposición en forma, se despachará ejecución contra él.

Es justicia que pido en [LOCALIDAD] a [DÍA] de [MES] de [AÑO]

Firma [FIRMA]

OTROSÍ DIGO: se dé traslado del requerimiento al FOGASA por plazo de diez días. (7)

En su virtud,

SUPLICO AL JUZGADO:

Que se tenga por efectuada la manifestación anterior a los efectos oportunos.

Es justicia que pido en fecha y lugar

Firma [FIRMA]

---

(1) Según el primer párrafo del artículo 101 de la LRJS, para que proceda el proceso monitorio el empresario no ha de encontrarse en situación de concurso y ha de poder ser notificado siguiendo los actos de comunicación procesales en la forma prevista en los artículos 56 y 57 de la LJS.

(2) Han de reclamarse cantidades vencidas, exigibles y de cuantía determinada, que no excedan de 15.000 euros, y que deriven de la relación laboral. No puede seguirse el proceso monitorio en reclamaciones de carácter colectivo, ni reclamaciones contra las entidades gestoras o colaboradoras de la Seguridad Social (artículo 101, primer párrafo LRJS).

En la petición inicial ha de expresarse la identidad completa y precisa del empresario deudor, datos de identificación fiscal, domicilio completo y demás datos de localización y, en su caso, de comunicación por medios informáticos y telefónicos, tanto del demandante como del demandado (artículo 101 letra a de la LRJS).

(3) Ha de acompañarse copia del contrato, recibos de salarios, comunicación empresarial o reconocimiento de deuda, certificado o documentos de cotización o informe de vida laboral u otros documentos análogos de los que resulta un principio de prueba de la relación laboral (artículo 101 letra a de la LRJS).

(4) Ha de hacerse constar el detalle y desglose de los concretos conceptos, cuantías y pensiones reclamadas (artículo 101 letra a de la LRJS).

(5) Desde el 20 de marzo de 2024 los procesos monitorios están exentos de la obligación extrajudicial previa a la jurisdicción social (arts. 64 y 101 de la LRJS).

(6) La solicitud se presentará preferentemente por medios informáticos, de disponerse de ellos, pudiendo extenderse en el modelo o formulario que se facilite al efecto (artículo 101 letra a de la LRJS).

(7) El plazo concedido al FOGASA puede ampliarse por otros diez días más, si manifestase que necesita efectuar averiguaciones sobre los hechos de la solicitud, en especial sobre la solvencia empresarial (artículo 101 letra a de la LRJS).

Escrito de oposición al proceso monitorio laboral

Conforme a la letra a) del artículo 101 de la LRJS, admitida la petición, se requerirá al empresario para que, en el plazo de diez días, pague directamente al trabajador, acreditándolo ante el juzgado, o comparezca ante este y alegue sucintamente, en escrito de oposición, las razones por las que, a su entender, no debe, en todo o en parte, la cantidad reclamada, con apercibimiento de que de no pagar la cantidad reclamada ni comparecer alegando las razones de la negativa al pago, se despachará ejecución contra él.

El límite de la cuantía reclamable por este proceso es de 15.000 euros.

AL JUZGADO DE LO SOCIAL N.º [NÚMERO] DE [CIUDAD] (1)

D/D.ª [NOMBRE_PROCURADOR_CLIENTE], procurador/a de los tribunales, en nombre y representación de don/doña [NOMBRE_CLIENTE], tal y como acreditaré mediante apoderamiento que se realizará en el momento procesal oportuno, y bajo la dirección letrada de don/doña [NOMBRE_ABOGADO_CLIENTE], letrado/a del Ilustre Colegio de Abogados de [CIUDAD], ante el juzgado comparezco y como mejor proceda en derecho,

DIGO

Por medio del presente escrito, me persono en los autos dentro del plazo conferido por el artículo 101 letra a) (2) de la LRJS para formular **OPOSICIÓN A LA ACCIÓN MONITORIA**, interpuesta por don/doña [NOMBRE_PARTE_CONTRARIA], consignando a tal fin los siguientes,

HECHOS

ÚNICO.- Negamos la existencia de deuda alguna y la participación en la relación comercial que parece desprenderse de la documentación aportada.

Esta parte no está conforme con la reclamación efectuada por don/doña [NOMBRE_PARTECONTRARIA], ya que no existe tal deuda.

A los efectos anteriores se adjuntan los **documentos n.º** [NÚMERO] a documento n.º [NÚMERO]. **(3)**

A los anteriores hechos resultan de aplicación los siguientes,

FUNDAMENTOS DE DERECHO

I.- COMPETENCIA

Es competente el juzgado al que me dirijo, de conformidad con lo dispuesto en el artículo 4 y siguientes de la Ley 36/2011, de 10 de octubre, reguladora de la jurisdicción social.

II.- CAPACIDAD Y LEGITIMACIÓN

Mi representado está legitimado para realizar la presente oposición por ser parte como demandado en el procedimiento indicado, artículo 16 y 17 de la Ley 36/2011, de 10 de octubre, reguladora de la jurisdicción social.

III.- REPRESENTACIÓN

Don/Doña [NOMBRE_CLIENTE], actúa representado por procurador/a y asistido/a de letrado/a, de conformidad con el artículo 18 de la Ley 36/2011, de 10 de octubre, reguladora de la jurisdicción social. **(4)**

IV.- PROCEDIMIENTO

Según lo previsto en el artículo 101 de la Ley 36/2011, de 10 de octubre, reguladora de la jurisdicción social (2), relativo al proceso monitorio, interponemos escrito de oposición a la demanda de juicio monitorio en materia laboral, dentro del plazo de diez días, previsto en la letra b) del citado artículo.

V.- FONDO

A la vista de lo previsto en el artículo 101 de la LJS **(2)** esta parte niega la existencia de la deuda que por este procedimiento se le reclama, no siendo, por tanto, la cantidad vencida, exigible y determinada. Así se acredita en la documentación adjuntada [ESPECIFICAR].

Por todo lo expuesto,

SOLICITO AL JUZGADO (1)

Que, teniendo por presentado este escrito, se sirva admitirlo y de conformidad con lo solicitado, acuerde tener por presentada la **OPOSICIÓN A LA DEMANDA DE JUICIO MONITORIO** por don/doña [NOMBRE_PARTE_CONTRARIA], contra mi mandante y en su virtud y tras los trámites oportunos, dicte sentencia en la que absuelva a esta parte de lo solicitado por la parte actora, imponiéndole las costas de este procedimiento por su temeridad y mala fe.

En [LOCALIDAD] a [DÍA] de [MES] de [AÑO].

[FIRMA]

---

(1) Por la reforma realizada por la LO 1/2025, de 2 de enero, una vez implantados de forma efectiva los tribunales de instancia (D.T. 1.ª), todas las referencias realizadas a los juzgados unipersonales se entenderán realizadas a las secciones del orden jurisdiccional correspondiente de los tribunales de instancia.

(2) El límite de la cuantía reclamable por este proceso se incrementa a 15.000 euros.

(3) Aportar documentación con la que se acredite que no existe deuda (extractos bancarios, talones, cheques, etc).

(4) La representación podrá conferirse mediante poder otorgado por comparecencia ante el letrado o letrada de la Administración de Justicia, a través del registro electrónico de apoderamientos apud o por escritura pública, como ya se contemplaba en su redacción original.

Escrito de solicitud de acumulación de procesos en el orden social

De conformidad con lo dispuesto en el art. 28 de la LRJS si en el mismo juzgado o tribunal se tramitaran varias demandas contra un mismo demandado, aunque los actores sean distintos, y se ejercitasen en ellas acciones idénticas o susceptibles de haber sido acumuladas en una misma demanda, se acordará obligatoriamente la acumulación de los procesos, salvo cuando el juzgado o tribunal aprecie, de forma motivada, que la acumulación podría ocasionar perjuicios desproporcionados a la tutela judicial.

AL JUZGADO DE LO SOCIAL NÚMERO [NÚMERO] DE [LOCALIDAD] (1)

D./D.ª [NOMBRE_CLIENTE], ya circunstanciado en autos [NÚMERO] promovidos a mi instancia contra [NOMBRE_PARTECONTRARIA] sobre [DESCRIPCIÓN] ante el Juzgado de lo Social comparezco y como mejor proceda en Derecho

DIGO

Primero.- En este Juzgado **(1)** se tramitan los autos [NÚMERO], seguidos a instancia del que suscribe, con fecha de entrada de [DÍA] de [MES] de [AÑO], contra [NOMBRE_EMPRESA] sobre [DESCRIPCIÓN].

Segundo.- Con fecha [DÍA] de [MES] tuvo entrada en el Juzgado de lo Social número [NÚMERO] de [LOCALIDAD] demanda formulada por D./D.ª [NOMBRE_CLIENTE], contra [NOMBRE_EMPRESA] sobre [DESCRIPCIÓN], con número de Autos [NÚMERO].

Tercero.- Al amparo de los artículo 28 de la Ley 36/2011, reguladora de la Jurisdicción Social, procede la acumulación de los autos de referencia. **(2)**

Cuarto.- Se formula esta petición antes de la celebración de los actos de conciliación y, en su caso, juicio, en uno y otro proceso.

Por lo que,

SOLICITO AL JUZGADO: (1)

Tenga por presentado este escrito con sus copias, por efectuadas las manifestaciones contenidas en el mismo y acuerde la acumulación de los presentes autos al proceso núm. [NÚMERO] tramitados ante el Juzgado de lo Social n.º [NÚMERO] a fin de que se debatan todas las cuestiones planteadas en un solo juicio.

En [LOCALIDAD], [DIA] de [MES] de [AÑO].

[FIRMA]

---

(1) Por la reforma realizada por la LO 1/2025, de 2 de enero, una vez implantados de forma efectiva los tribunales de instancia (D.T. 1.ª), todas las referencias realizadas a los juzgados unipersonales se entenderán realizadas a las secciones del orden jurisdiccional correspondiente de los tribunales de instancia

(2) La acumulación de procesos seguidos ante el mismo juzgado o tribunal procede en Demandas contra un mismo demandado, Prestaciones de Seguridad Social o recargo de prestaciones o ante la intervención del letrado de la Administración de Justicia (art. 28 de la LRJS).

Demanda genérica mediante proceso ordinario en el orden social

Se propone, a modo de ejemplo, un modelo de demanda siguiendo el proceso laboral ordinario para reclamar exclusivamente la indemnización por despido.

AL JUZGADO DE LO SOCIAL N.º [NÚMERO_JUZGADO] **DE** [PROVINCIA] **(1)**

D./D.ª [NOMBRE_ABOGADO_CLIENTE], Letrado/a, colegiado/a con el n.º [NUMEROCOLEGIADO_ABOGADO_CLIENTE], en nombre y representación de D./D.ª [NOMBRE_CLIENTE], mayor de edad, poseedor del D.N.I. núm. [NIF_CIF_DNI_CLIENTE] , y vecino de [LOCALIDAD], con domicilio en calle [CALLE], conforme se tiene acreditada por apoderamiento efectuado en el día de hoy, ante el Sr. Secretario Judicial, del Juzgado al que nos dirigimos, ante el JUZGADO DE LO SOCIAL comparezco y como mejor proceda en Derecho,

DIGO

Que por medio del presente escrito vengo a interponer **DEMANDA DE RECLAMACIÓN DE CANTIDAD CORRESPONDIENTE A INDEMNIZACIÓN POR EXTINCIÓN DE CONTRATO DE TRABAJO POR CAUSAS OBJETIVAS**, contra la empresa [NOMBRE_EMPRESA], con domicilio en [DOMICILIO_SOCIAL], sirviendo de base a la demanda los siguientes

HECHOS

PRIMERO.- Que venía prestando mis servicios por cuenta ajena de la empresa demandada desde el [DÍA] de [MES] de [AÑO], con contrato [ESPECIFICAR], ostentando el grupo profesional de [GRUPO_PROFESIONAL] y percibiendo un salario de [CANTIDAD] € DIARIOS/MENSUAL, incluida la prorrata de pagas extraordinarias.

SEGUNDO.- La empresa demandada, con fecha [DÍA] de [MES] de [AÑO], procedió a la extinción del contrato de trabajo de mi representado como consecuencia de un despido objetivo por causas [ESPECIFICAR] **(2)**, pero sin abonar indemnización de clase alguna. (3)

TERCERO.- Dado el salario, categoría y antigüedad en la empresa del trabajador demandante, la indemnización que me corresponde por la extinción del contrato asciende a la cantidad de [CANTIDAD] euros, que resulta de multiplicar el salario diario de [CANTIDAD] euros, por 20 días y por [NÚMERO], años de servicio, sin que la cantidad resultante supere las doce mensualidades.

CUARTO.- Que para la extinción por causas objetivas el art. 53 del ET obliga al empresario a poner a disposición del trabajador, simultáneamente a la entrega de la comunicación escrita, la indemnización de veinte días por año de servicio, prorrateándose por meses los periodos de tiempo inferiores a un año y con un máximo de doce mensualidades. Concretando:

«Cuando la decisión extintiva se fundase en el artículo 52.c), con alegación de causa económica, y como consecuencia de tal situación económica no se pudiera poner a disposición del trabajador la indemnización a que se refiere el párrafo anterior, el empresario, haciéndolo constar en la comunicación escrita, podrá dejar de hacerlo, sin perjuicio del derecho del trabajador de exigir de aquel su abono cuando tenga efectividad la decisión extintiva».

En este caso: [ESPECIFICAR]. (3)

QUINTO.- Que el demandante presentó papeleta de conciliación ante el Servicio de Mediación Arbitraje y Conciliación, celebrándose el correspondiente acto de conciliación con fecha [DÍA] de [MES] de [AÑO] y con resultado [DESCRIPCIÓN], según se acredita con la certificación que se acompaña.

A los anteriores hechos son de aplicación los siguientes

FUNDAMENTOS DE DERECHO

PRIMERO.- COMPETENCIA

De acuerdo con lo previsto en los artículos 1, 2, 6 y 10 de la Ley 36/2011, de 10 de octubre, reguladora de la jurisdicción social (LRJS, resulta competente dicho juzgado de lo social en razón de la materia y territorio.

SEGUNDO.- CAPACIDAD, LEGITIMACIÓN

Que me encuentro plenamente capacitado y legitimado para presentar esta demanda y comparecer en juicio de acuerdo con los artículos 16 y 17 de la LRJS.

TERCERO.- PROCEDIMIENTO

Es de aplicación el procedimiento ordinario, regulado en el artículo 80 y siguientes de la Ley Reguladora de la Jurisdicción Social. (4)

CUARTO.- FONDO DEL ASUNTO

El artículo 4, apartado 2, letra f) del Estatuto de los Trabajadores, aprobado por el Real Decreto Legislativo 2/2015, de 23 de octubre, en el cual se establece el derecho de los trabajadores a la percepción puntual de la remuneración pactada o legalmente establecida.

Los artículos 52 y 53 del Real Decreto Legislativo 2/2015, de 23 octubre, por el que se aprueba el Texto Refundido de la Ley del Estatuto de los Trabajadores, que regula el despido objetivo.

El convenio colectivo del sector de [DESCRIPCIÓN], actualmente vigente y publicado con fecha [DIA] de [MES] de [AÑO] y aplicable a la empresa demandada.

Por lo que en razón de lo expuesto,

SUPLICO al JUZGADO DE LO SOCIAL: (1)

Que teniendo por presentado este escrito, con los documentos que acompaña, se sirva admitirlo a trámite, y tener por formulada demanda, en tiempo y forma, en materia de cantidad, contra la mercantil [NOMBRE_EMPRESA] y previos los trámites procesales que procedan, dicte sentencia por la que estimando íntegramente la demanda, se condene a la demandada a pagar a esta parte la cantidad de [CANTIDAD] euros, reclamadas por los conceptos que figuran en la demanda.

OTROSI DIGO: en la celebración de la vista del juicio, compareceré asistido y defendido por el Letrado/ Sr./Sra. D./Dña. [NOMBRE_ABOGADO_CLIENTE], señalándose a efectos de citaciones y notificaciones el domicilio del mismo, sito en [DOMICILIO_ABOGADO_CLIENTE] de [LOCALIDAD], de conformidad con lo previsto en el artículo 21 de la LRJS. (5)

En su virtud,

SUPLICO AL JUZGADO DE LO SOCIAL: (1)

Que tenga por hecha dicha manifestación, siendo justicia que reitero, en el lugar y hora indicada con anterioridad.

En [LOCALIDAD], a [DÍA] de [MES] de [AÑO].

[FIRMAS]

---

(1) Una vez constituidos e implantados de forma efectiva los tribunales de instancia, las referencias realizadas a los juzgados de primera instancia se entenderán referidas a las secciones del orden jurisdiccional correspondiente de los tribunales de instancia, en este caso, sección civil (D.A.1.ª de la LO 1/2025, de 2 de enero). Este proceso culminará el 31/12/2025.

(2) El contrato podrá extinguirse por causas objetivas ante (art. 52 del ET): ineptitud del trabajador conocida o sobrevenida con posterioridad a su colocación efectiva en la empresa; falta de adaptación del trabajador a las modificaciones técnicas operadas en su puesto de trabajo; cuando concurran causas económicas, técnicas, organizativas o de producción; por falta de consignación presupuestaria.

(3) Relatar adaptando al caso la situación precedente a la falta de pago de la indemnización. Téngase en cuenta que el Estatuto de los Trabajadores se ocupa de fijar la forma en que debe producirse el despido objetivo en su artículo 53, estableciendo como requisitos formales del mismo: comunicación escrita, indemnización 20 días/año, preaviso 15 días, licencia 6 horas/semana, copia a representantes.
En caso de que el empresario hubiese optado por diferir el pago de la indemnización esta circunstancia debe alegarse en la carta de despido, de no hacerlo indicar.
Salvo el incumplimiento del preaviso, el incumplimiento del resto de los requisitos señalados puede provocar la improcedencia de la decisión extintiva (art. 53.4 del ET). (STSJ de Canarias n.º 984/2014, de 29 de diciembre de 2014, ECLI:ES:TSJICAN:2014:4147).

(4) En virtud de la STS n.º 328/2016, de 26 de abril de 2016, ECLI:ES:TS:2016:3183, el procedimiento ordinario es el adecuado para reclamar una indemnización por despido objetivo cuando se acepta la procedencia del despido, pero se desea cuestionar la cantidad indemnizatoria reconocida por la empresa debido a una mayor antigüedad que se pretende computar.

(5) Las partes podrán comparecer por sí mismas o conferir su representación a abogado, procurador, graduado social colegiado o cualquier persona que se encuentre en el pleno ejercicio de sus derechos civiles. La representación podrá conferirse mediante poder otorgado por comparecencia ante el letrado o letrada de la Administración de Justicia, a través del registro electrónico de apoderamientos apud acta o por escritura pública. En el caso de otorgarse la representación a abogado deberán seguirse los trámites previstos en el apartado 2 del artículo 21 de la LRJS.

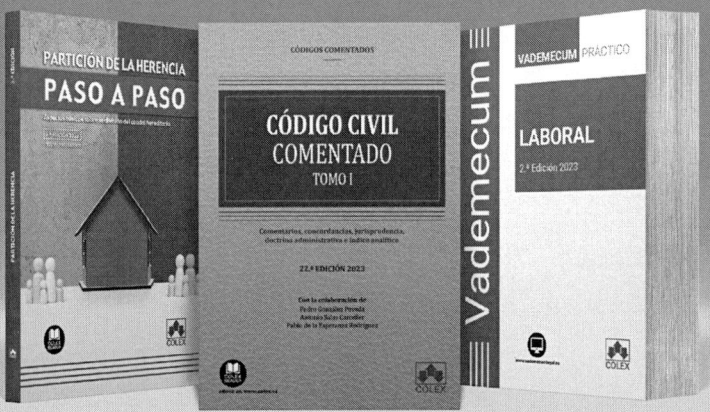